De l'éducation des femmes

Collection “Mémoires du corps”
dirigée par Jean-Jacques Courtine

Déjà paru :

Cesare Lombroso,
La Femme criminelle et la prostituée
Texte présenté par Pierre Darmon

Luigi Cornaro, Léonard Lessius
De la sobriété {Conseils pour vivre longtemps}
Texte présenté par Georges Vigarello

A paraître :

Dr Hubert Lauvergne
Les Forçats
Texte présenté par André Zysberg

Pierre de Coubertin
Essais de psychologie sportive
Texte présenté par Jean-Pierre Rioux

De l'éducation des femmes *reproduit l'édition du texte de Laclos, réalisée d'après le manuscrit de la Bibliothèque Nationale, par Edouard Champion, Paris, Librairie Léon Verrier Editeur, 1903 ; la présente édition n'a pas conservé les notes de Charles Baudelaire, qui suivent dans l'édition Champion le texte de Laclos ; elle en a modernisé l'orthographe et procédé à quelques corrections mineures.*

3, place Vaucanson
38000 - Grenoble
ISBN : 2 905614 59 5

Pierre Choderlos de Laclos

De l'éducation des femmes

[1783]

Texte présenté par CHANTAL THOMAS

JÉRÔME MILLON

Des femmes et de leur éducation
ou
Portrait de la femme naturelle

par

CHANTAL THOMAS

«Sa parure est sa chevelure flottante,
ses parfums sont un bain d'eau claire ...»
Choderlos de Laclos,
Des femmes et de leur éducation

Des femmes et de leur éducation[1] ou : Portrait de la femme naturelle

En mars 1783, Pierre-Ambroise Choderlos de Laclos entreprend de répondre à la question proposée par l'Académie de Châlons-sur-Marne : *Quels seraient les meilleurs moyens de perfectionner l'éducation des femmes*. Il interrompt son discours au bout de quelques

1. Nous reprenons pour le titre de cette présentation le choix que fait Laurent Versini dans les *Œuvres complètes* de Laclos (Gallimard, Bibliothèque de La Pléiade, Paris, 1979) qui étend à toute la section de Laclos sur les femmes le titre du second essai.

pages ; certainement pas par indifférence pour le problème, puisqu'il le reprend peu de temps après sous la forme d'un essai à son tour laissé inachevé, et intitulé *Des femmes et de leur éducation.* Ces deux textes, d'une indéniable étrangeté, témoignent de la persistance de l'intérêt de Laclos pour cette question.

1783 : le capitaine Choderlos de Laclos a 42 ans. Il est depuis un an, après des séjours passagers dans diverses villes de garnison (successivement : Toul, Strasbourg, Grenoble, Besançon) de retour à La Rochelle qui avait été, en 1762, alors qu'il était jeune lieutenant, sa première affectation. Laclos vient de rencontrer Marie-Soulange Duperré, une jeune fille de vingt-trois ans, qu'il épousera bientôt et qui demeurera pour lui, jusqu'à sa mort, l'objet d'un indéfectible amour, une « maîtresse adorable, excellente femme et tendre mère », dont il ne cesse dans sa correspondance de chanter les louanges. Cet amour conjugal, partagé, étant véritablement, selon l'aveu de Laclos, sa plus sûre raison de vivre : « Ah ! grâce à toi, je ne suis point encore étranger au bonheur {...} Mon existence isolée serait pénible et flétrie, mais je n'existe plus qu'en toi, je vis de ta vie...»[2] Mais à l'époque où il tombe amoureux de Marie-Soulange, Laclos est d'abord, dans l'esprit du public, et ceci jusqu'à nos jours, «l'auteur des *Liaisons dangereuses*». En effet, si l'horizon pacifique sur lequel s'est déroulée la carrière de Laclos ne lui a pas permis d'obtenir la moindre gloire militaire, c'est par les lettres que son nom est devenu, du jour au lendemain, célèbre : la publication, en 1782, des *Liaisons dangereuses* obtient un succès immédiat qui n'est pas spécialement bien vu des supérieurs hiérarchiques du capitaine. Succès de scandale, que n'atténuent pas les précautions oratoires préliminaires de Laclos. Les lecteurs et lectrices sont davantage passionnés par la diabolique complicité qui unit le vicomte de Valmont et la marquise de Merteuil, transportés d'ardeur scélérate, que touchés par le conseil moralisant qui enjoint aux mères de n'autoriser leurs filles à lire les *Liaisons dangereuses* que dans

---

2. Choderlos de Laclos, *Lettres inédites,* publiées par M. Louis de Chauvigny, Paris, Société du Mercure de France, MCMIV, p. 61. (Lettre du 19 prairial an Sd de la Rep. une et indiv.)

certaines conditions, à temps voulu. Lorsque serait passé pour elles le risque de succomber à des manœuvres séductrices. « Et, loin de conseiller cette lecture à la jeunesse, il me paraît très important d'éloigner d'elle toutes celles de ce genre. L'époque, où celle-ci peut cesser d'être dangereuse et devenir utile, me paraît avoir été très bien saisie, pour son sexe, par une bonne mère qui non seulement a de l'esprit, mais qui a du bon esprit. "Je croirais", me disait-elle, après avoir lu le manuscrit de cette Correspondance, "rendre un vrai service à ma fille, en lui donnant ce Livre le jour de son mariage." Si toutes les mères de famille en pensent ainsi, je me féliciterai éternellement de l'avoir publié »[3].

Les Liaisons dangereuses comme cadeau de mariage !... Malgré ces protestations d'intention, la portée pédagogique du livre n'est pas ce qui retint d'abord l'attention des critiques ni du public. Laclos lui-même y croyait-il ? Ou bien n'était-ce qu'une vertueuse parade,

3. Laclos, *Œuvres complètes*, texte établi, présenté et annoté par Laurent Versini, Gallimard, Bibliothèque de La Pléiade, Paris, 1979, p. 8.

aussi crédible que les déclarations de Sade par rapport à sa *Justine* (il invoque pour expliquer l'immoralité de ce roman des raisons économiques : « J'avais besoin d'argent, mon imprimeur me le demandait *bien poivré* et je le lui ai fait capable d'empester le diable[4] »). Georges Poisson dans sa biographie de Laclos opte pour la première hypothèse : « Laclos le moraliste, le satirique, avait dû être profondément choqué de la façon dont son roman avait été interprété, de l'étiquette de romancier à scandale qui lui avait été imposée, l'assimilant à un vulgaire Andrea de Nercia. Avec ce *Discours* pour l'académie de Châlons, il allait essayer de se reclasser dans l'opinion, faisant avec obstination nouvelle œuvre de moraliste, mais cette fois constructive. {...} *De l'éducation des femmes* serait, comme l'a dit Rémy de Gourmont, la moralité des *Liaisons dangereuses*, leur conclusion dynamique et positive, et rassurerait la société rochelaise »[5].

4. Lettre à Reinaud, 12 juin 1793. Cité dans Gilbert Lely, *Vie du Marquis de Sade,* Paris, Gallimard, 1957, p. 525-526.
5. Georges Poisson, *Choderlos de Laclos ou l'obstination,* Paris, Editions Grasset, 1985, p. 153.

Comme ces manuscrits n'ont jamais été publiés du vivant de leur auteur, la bonne société de La Rochelle, et d'ailleurs, est condamnée à n'être jamais complètement rassurée sur Laclos. Et même après leur publication, il n'est pas certain que tous les doutes soient levés...

Inverse d'une lecture qui privilégie la visée moraliste, «moraliste, satirique», des *Liaisons dangereuses*, il y a aussi celle d'un Laclos profondément immoraliste, subversif, quels que soient ses efforts de dénégation. A propos de Goya commentant ses *Caprices* de jugements réprobateurs, André Malraux écrit : «Ses annotations des *Caprices* affirment que les scènes représentées sont la conséquence de la superstition et de la mauvaise éducation. On a tort de croire aux fantômes. Alors, pourquoi les peindre si convaincants ? On pense à Laclos, proclamant vers le même temps le caractère moral des *Liaisons dangereuses*»[6]. André Malraux ne désigne pas de la part de ces deux artistes également adeptes des

6. André Malraux, *Goya,* Editions Gallimard, Paris, 1978, p. 82.

Lumières une duplicité, mais sur un mode plus complexe et peut-être indécidable parce qu'il est à l'origine même de leur inspiration et de leur style, une profonde appartenance au mal qu'ils dénoncent. Dans « La Préface du rédacteur », qui introduit aux *Liaisons dangereuses* et fait partie intégrante de la fiction qu'elle annonce, Laclos souligne : « Il me semble au moins que c'est rendre service aux mœurs que de dévoiler les moyens qu'emploient ceux qui en ont de mauvaises pour corrompre ceux qui en ont de bonnes... »[7]. Le roman est en effet une brillante exploration des « moyens du mal », et de son extraordinaire richesse, en regard de laquelle les «moyens du bien» paraissent quasiment inexistant, et fort peu attirant. La volonté de démonstration de Laclos, si elle existe, ne consiste pas à mettre en scène un combat incertain entre le Vice et la Vertu. Plus radicale, plus noire, elle dépeint la totale impuissance de la résolution vertueuse face au caprice libertin. On peut douter alors de sa capacité à éveiller chez le lecteur l'envie de

7. *Œuvres complètes, op. cit.*, p. 7.

rejoindre un parti du Bien aussi inefficace, désespérément victimal – un parti qui, par la voix de Madame de Tourvel, formule des idéaux mieux faits pour encourager à la résignation, ou au volontarisme, que pour susciter l'exaltation ; ainsi de cet aveu : « J'étais heureuse, je devais l'être »...

Quelle que soit la manière dont on décide d'articuler la réflexion sur les femmes et leur éducation aux *Liaisons dangereuses*, il est certain que ces deux textes se répondent et que la lecture de celui-là loin d'apporter un démenti à l'univers du roman est nécessaire pour compléter la figure de Laclos, pour l'éclairer dans sa complexité, dans sa force intellectuelle et fantasmatique. La question de l'éducation des femmes est déjà au cœur du roman, puisque que c'est dans le champ d'intervention laissé libre par la négligence d'une mère que Madame de Merteuil conçoit son intrigue. Et le dénouement du roman vérifie bien la vérité selon laquelle : « Toute mère est au moins imprudente, qui souffre qu'un autre qu'elle ait la confiance de sa fille ».

Au moins imprudente, Madame de Volanges ne manque pas de l'être, elle qui, après avoir fait sortir sa fille du couvent pour la marier, omet à ce point de l'instruire que la jeune fille peut prendre tous les hommes qu'elle rencontre pour d'éventuels prétendants et voir dans le geste d'un cordonnier se mettant à genoux pour la chausser la dévotion d'un amoureux ! L'innocence de Cécile de Volanges, que ses années d'enfermement dans un couvent n'ont en rien préparée à la vie dans le Monde, est la surface blanche sur laquelle Madame de Merteuil va projeter ses plus noirs complots. Cécile, que sa mère non seulement n'aide pas mais à qui elle n'adresse même pas la parole, aura pour confidente et conseillère, amante à l'occasion, la perfide marquise. «C'est pourtant bien extraordinaire, écrit Cécile à son amie Sophie, qu'une femme qui ne m'est presque pas parente prenne plus de soin de moi que ma mère ! c'est bien heureux pour moi de l'avoir connue» se félicite-t-elle, dans sa perspicacité coutumière. De son côté, sa séductrice met à l'usage toutes les ressources de son esprit fertile pour que Cécile, après un rapide tour de piste sur le grand théâtre du Monde, retourne à son couvent. A jamais meurtrie dans ses illusions de jeunesse, la jeune fille n'a pas acquis un autre savoir. Elle n'a rien appris des liaisons successives, chacune à sa manière désastreuse, qui l'ont détruite. La marquise, d'ailleurs, avait été très vite déçue sur les capacités de Cécile à passer de la classe des victimes à celle des libertins. Au contraire d'Eugénie, dans *la Philosophie dans le Boudoir* de Sade, qui se révèle dès les premiers exercices un être de plaisir *et* de principes, Cécile ne conçoit pas la valeur transgressive de ses actes. Philosophiquement nulle, elle ne peut donc, à l'issue de ses aventures, que déchoir dans la catégorie des «filles perdues».

Madame de Merteuil n'éduque pas Cécile de Volanges. Elle s'en sert. Le retrait de Madame de Volanges favorise son propos. Ce n'est pas que la marquise soit indifférente aux questions d'éducation; mais, sur ce point, elle estime que son savoir est trop précieux pour être légué à une «petite personne» dont la première et seule qualité est d'être toujours consentante.

La leçon de Madame de Merteuil

Déjà dans *Les Liaisons dangereuses* Laclos prononce un constat négatif sur les possibilités d'éducation que la société offre aux femmes. Les jeunes filles, mises au couvent dans leur enfance, n'y reçoivent aucune forme de savoir, ni théorique, ni pratique. Lorsqu'elles en sortent, leurs mères, depuis trop longtemps séparées d'elles et devenues étrangères à leurs enfants, ne se soucient pas de les éduquer. Des unes aux autres il n'y a aucune transmission de sagesse, ni communication d'expérience. Il ne règne, au lieu de la confiance et de l'amitié, que la froide reconnaissance d'une autorité. Les femmes, très rares, qui voudraient, malgré tout, être éduquées, vers quels maîtres peuvent-elles se tourner ? A travers le personnage de Madame de Merteuil, Choderlos de Laclos donne une réponse radicale. Dans l'état actuel des choses une femme n'a rien à attendre de personne en matière d'éducation. C'est à elle de comprendre qu'elle doit *s'*éduquer seule. Non seulement sans aucun secours (ni institution, ni parent), mais en posant comme principe de base une déclaration tacite d'hostilité à la société en général, et au sexe opposé en particulier. La marquise de Merteuil est l'exemple accompli, et exceptionnel, d'une entreprise aussi héroïque. D'où le ton de condescendance avec lequel, dans sa célèbre lettre autobiographique (lettre 81), Madame de Merteuil s'adresse au vicomte de Valmont. Exaspérée par la forfanterie de sa dernière missive, elle se décide à lui raconter comment elle est devenue ce qu'elle est, ou plutôt comment elle s'est *faite.* Quel est le principe de l'autodidactisme de la Marquise ? La méfiance. Le long et rigoureux apprentissage auquel s'oblige la marquise pose comme règle absolue la dissimulation. Encore adolescente elle ne s'écarte pas d'un souci rigoureux de fausseté. On se souvient que c'est en avouant à son confesseur un péché qu'elle n'a pas commis qu'elle ressent pour la première fois l'attrait du plaisir : «... le bon Père me fit le mal si grand, que j'en conclus que le plaisir devait être extrême ; et au désir de le connaître succéda celui de le goûter.»[8] Par

8. *Ibid.*, p. 172.

contre, elle cache à son mari le plaisir que lui causent ses caresses : «... mais fidèle à mes principes, et sentant, peut-être par instinct que nul ne devait être plus loin de ma confiance que mon mari, je résolus, par cela seul que j'étais sensible, de me montrer impassible à ses yeux.»[9] Plus tard, elle met à profit son récent veuvage pour vivre un moment à l'écart de la société. La jeune femme se forme intellectuellement. Elle multiplie ses lectures. Elle travaille avec méthode. «J'étudiai nos mœurs dans les Romans ; nos opinions dans les Philosophes ; je cherchai même dans les Moralistes les plus sévères ce qu'ils exigeaient de nous, et je m'assurai ainsi de ce qu'on pouvait faire, de ce qu'on devait penser, et de ce qu'il fallait paraître.»[10] Elle en vient vite à conclure que seul importe le paraître et que, pourvu qu'on ne trahisse rien de sa vraie mentalité, tous le forfaits sont réalisables. Elle perfectionne donc ses reflexions théoriques d'un corollaire pratique important : parvenir à un minu-

9. *Ibid.*, p. 172.

10. *Ibid.*, p. 173.

tieux contrôle de ses expressions. Sa passion intellectuelle, son goût de l'expérimentation érotique, sont indissociables d'une parfaite maîtrise d'actrice.

Madame de Merteuil se proclame sa propre création. Afin d'obtenir ce résultat, elle s'est pliée à un sévère apprentissage – une discipline de tous les instants, à la fois spirituelle et musculaire, et qui consiste essentiellement à se fabriquer, en guise de visage, un masque. C'est peu de dire que Madame de Merteuil ne cesse de s'observer. Elle va plus loin, elle joue de ses expressions comme d'autant de signes destinés à égarer autrui. « Ressentais-je quelque chagrin, je m'étudiais à prendre l'air de la sérénité, même celui de la joie ; j'ai porté le zèle jusqu'à me causer des douleurs volontaires, pour chercher pendant ce temps l'expression du plaisir. »[11] D'où la justesse du commentaire qui accompagne la « chute » finale de Madame de Merteuil, ruinée et exilée, et que la petite vérole a rendue à demi aveugle et horriblement défigurée. « Le Marquis de **

11. *Ibid.*, p. 171.

qui ne perd pas l'occasion de dire une méchanceté, disait hier, en parlant d'elle, que la maladie l'avait retournée, et qu'à présent son âme était sur sa figure.»[12] Il ne peut être pour elle de plus cuisante défaite, puisqu'ainsi s'effondre toute une vie d'efforts tendus vers la maîtrise de soi-même comme secret absolu. Et c'est l'une des beautés du personnage de Madame de Merteuil que cette manière de hausser le banal mensonge social, la plate hypocrisie mondaine au sommet d'un art, à l'exigence d'une ascèse. Si le Neveu de Rameau pouvait dire de lui «Je ne me fatigue jamais», Madame de Merteuil aurait pu déclarer «Je ne me repose jamais».

Sur la scène de l'Opinion publique personne n'égale le raffinement et la virtuosité de Madame de Merteuil – l'intelligence avec laquelle elle pratique un talent dont elle seule, en l'arrachant à la norme d'une convention sociale, s'est fixé les règles. Car Madame de Merteuil n'invente pas ce jeu de la dissimulation. Il est partie intrinsèque de

12. *Ibid.*, p. 385.

l'univers qu'elle habite, et il fit, de siècle en siècle, l'objet de formalisations précises. On le trouve dès le XVIe siècle fixé dans les études de physiognomonie et les divers codes de civilité par lesquels l'individu s'efforce à la fois de saisir l'expression de son prochain et d'obtenir le contrôle sur soi-même. Ainsi dans son livre *La Physionomie humaine (Della Fisionomia dell' Huomo,* 1623), G. B. Della Porta établit «une sorte de science» par laquelle le sujet, savant décrypteur du visage des autres, sait, quant à lui, se dérober à toute investigation extérieure. Comme l'écrivent Jean-Jacques Courtine et Claudine Haroche dans leur *Histoire du visage* : «*Etre le physionome de soi-même* : les formes de contrôle social par le regard doivent s'étendre à l'homme intérieur ; la physiognomonie apparaît alors comme une discipline personnelle {...} Dans cet exercice d'un regard *sur soi* qui revient à se considérer *comme un autre*, l'homme intérieur peut parvenir, au terme d'un travail, à se détacher quelque peu de son apparence : l'espace intime s'accroît dans la pratique d'une telle discipline ; et avec lui la possibilité pour chacun de démentir son aspect en réformant son âme, mais aussi de masquer sous des dehors aimables des mœurs corrompues.»[13] Déjà dans ces traités, qui se veulent d'un savoir objectif destiné à servir la vertu, la dimension théâtrale est présente et, avec elle, les innombrables virtualités de rouerie, mensonge, duplicité. Le XVIIe siècle qui voit le triomphe d'une société de cour accroît encore ce perfectionnement du visage comme masque, cet art de l'imposture. «La codification des échanges langagiers témoigne alors d'un renforcement du contrôle social, dans un univers où règne le regard {...} Dans les traités de conversation mondaine s'élabore tout au long du XVIIe siècle un travail des modes de présence et absence simultanées en société, une pensée et une pratique du *détachement de soi* qui font du paradoxe du comédien, cette distanciation qui sépare l'acteur de son personnage, une manière d'être.»[14] Madame de Merteuil, personnage du XVIIIe siècle, ne fait que pousser plus loin, à l'exclusion de toute formes d'authenticité,

13. Jean-Jacques Courtine Claudine Haroche, *Histoire du visage, XVIe - début XIXe siècle*, Paris, Editions Rivages, 1988, p. 78.

14. *Ibid.,* p. 188-190.

et pour le pur exploit de la performance artistique, ce que la société a élaboré au nom d'un idéal de convivialité et de raffinement mondain. Et, sacrifiant tout au paraître, de négliger l'idée d'un compromis de vérité, d'une harmonie possible entre la vérité intérieure d'un individu et ses manifestations extérieures. Le masque théâtral que Madame de Merteuil s'est créé répond certes au développement de ses talents d'actrice et au plaisir qu'elle y prend, mais il a aussi une fonction défensive. C'est pourquoi il ne souffre aucun défaut. La société est un divertissement, mais un divertissement dangereux. Si ses règles sont artificielles, il ne faut jamais oublier que les mises à mort qui s'y décrètent sont réelles. Le théâtre du monde est un théâtre de la cruauté. Tout aveu sincère est une faiblesse dont l'autre profite aussitôt.

Le modèle de la femme naturelle

Il faut, je crois, avoir à l'esprit cette vision de la société comme sinistre théâtre, implacable machine à tuer (dont les femmes sont les victimes d'élection) pour comprendre l'élan de liberté, le saut hors de toute contrainte qui sous-tend l'utopie de *Des femmes et de leur éducation.* Et lorsque surgit, hors de tout contexte social, la femme naturelle, celle d'avant le langage et la nomination, il faut se rappeler que son innocence n'a de sens qu'en regard de ce génie du mal splendidement incarné par Madame de Merteuil – une innocence que Laclos nous propose simplement de rêver. Car dans l'état de guerre qu'est le monde réel, l'éducation implacable et solitaire que Madame de Merteuil se donne à elle-même demeure l'unique choix conséquent.

Dans ce tableau d'un monde soustrait à l'oppression et à la corruption, libre de la contrainte du regard et de la médiation du langage, l'influence de Jean-Jacques Rousseau, maître admiré et incontesté de Laclos, est indéniable. Comme le note Laurent Versini, certaines phrases de Laclos sont de légères variantes de passages du *Discours sur les sciences et les arts* ou du *Contrat social*[15].

---

15. Par exemple la phrase de Laclos : «Venez apprendre comment, nées compagnes de l'homme, vous êtes

Mais Laclos, à partir des prémisses rousseauistes de l'esclavage que réprésente la vie en société, s'en tient à une rigueur syllogistique qui lui interdit de penser la moindre possibilité d'amélioration de la condition féminine. On n'éduque que des individus libres. Les femmes, en tant qu'esclaves, sont par conséquent inéduquables. « Il faut donc oser le dire : *il n'est aucun moyen de perfectionner l'éducation des femmes.* »[16] Le texte de Laclos ne peut connaître ni prolongement programmatique, ni développement romanesque. Il est promis à la brièveté (il aurait pu gagner le prix de laconisme que, à l'époque des débordements verbaux des orateurs de la Révolution, Saint-Just proposait d'instituer), mais la femme naturelle y gagne une totale liberté, l'assurance de n'avoir à souffrir l'ombre d'une domination. La femme est inéduquable ? Très bien ! dans ce cas elle ne fera aucun effort d'apprentissage, elle ne progres-

---

devenues son esclave» est une référence explicite à Rousseau. «Laclos, écrit Versini, se contente de mettre au féminin la première phrase du chapitre I du *Contrat social*» (Laclos, *Œuvres complètes, op. cit.*, p. 1419)

16. Voir plus loin, p. 46. C'est nous qui soulignons.

sera en rien. Seulement, et c'est là que réside la portée à la fois révolutionnaire et intemporelle de l'ouvrage, elle se découvrira un autre corps. Elle inventera, pour elle, une nouvelle sensualité. La femme est irrécupérable ? Parfait ! Effaçons les couvents et courons nous baigner. La femme naturelle, ce miracle de spontanéité, cette merveille de fraîcheur, dont les yeux pour briller n'ont besoin ni de maquillage ni de larmes, est sauvée, en un tour de phrase, du froid des heures de prières, de l'ennui des heures de classe, de tout le poids d'une scolarité traditionnelle, comme de la raison et de la tristesse des réformes de bon sens, qu'elles soient dans l'esprit d'un asservissement plus rigoureux comme le fait Rousseau, ou dans celui d'une approche plus pratique, d'un moyen terme réaliste, comme c'est le cas pour Diderot que la question de l'éducation des femmes, en particulier à travers le cas personnel de l'éducation de sa propre fille, Angélique, passionnait.

Pour Rousseau l'option est claire. A partir d'un constat d'asservissement, il propose en forme de programme éducatif un redoublement de ces mesures d'asservissement. Les femmes sont esclaves ; mais le sont-elles assez ? Une révolte est toujours possible. Et surtout, à partir de leur faiblesse même, elles ont su fourbir les seules armes à leur disposition : à savoir la ruse. Tout ce que les femmes ont à apprendre se résume en un seul mot : obéir. « Les filles doivent être vigilantes et laborieuses ; ce n'est pas tout : elles doivent être gênées de bonne heures {...} ne souffrez pas qu'un seul instant dans leur vie, elles ne connaissent plus de frein. Accoutumez-les à se voir interrompre au milieu de leurs jeux, et ramener à d'autres soins sans murmurer... »[17] Il s'agit, dans ce plan d'éducation des filles, non seulement de briser leurs pulsions physiques, leurs emportements ludiques, mais aussi (et l'un ne va pas sans l'autre) d'éteindre leur intelligence. De toute manière, affirme Rousseau, par dispositions naturelles, les femmes sont plus

---

17. Jean-Jacques Rousseau, *Œuvres complètes,* présentation, notes et dictionnaire politique et philosophique de Rousseau par Michel Launay, Paris, Editions du Seuil, 1971, t. 3, p. 252-253.

portées à la coquetterie qu'à s'instruire : « En effet, presque toutes les petites filles apprennent avec répugnance à lire et à écrire ; mais quant à tenir l'aiguille, c'est ce qu'elles apprennent toujours volontiers. »[18] On connaît la haine de Rousseau pour les femmes de lettres. Sans se mêler d'écrire, une femme pourrait au moins prétendre aux plaisirs de l'intelligence. Non, proteste Rousseau. Ceci également est intolérable. D'ailleurs leur constant désir de plaire ne peut que fausser leur jugement. La compagne idéale que Rousseau conçoit pour son Emile n'aura aucun de ces travers : « Sophie a l'esprit agréable sans être brillant, et solide sans être profond ; un esprit dont on ne dit rien, parce qu'on ne lui en trouve jamais ni plus ni moins qu'à soi. »[19] La société fait de la femme l'esclave de l'homme. En réaction, celle-ci perfectionne la seule ressource à sa disposition : la tromperie. La femme ne parle que pour mentir. « Pourquoi consultez-vous leur bouche, quand ce n'est pas elle qui doit par-

18. *Ibid.*, p. 249.

19. *Ibid.*, p. 269.

ler ? consultez leurs yeux, leur teint, leur respiration, leur air craintif, leur molle résistance : voilà le langage que la nature leur donne pour nous répondre. »[20] L'état social est un état d'esclavage. De cette constatation Rousseau tire deux conséquences opposées selon le sexe considéré. Pour les hommes, c'est un état contre-nature, pour les femmes, un prolongement de leur « langage naturel », qui ne dit que la faiblesse et la dépendance. Une femme est faite pour être enfermée. Rousseau, inversant la règle habituelle qui fait de la sortie du couvent au passage à l'état de femme mariée une entrée dans le monde, voudrait au contraire que l'épouse vive au foyer comme dans un couvent, qu'elle s'impose, par vertu conjugale, un renfermement aussi strict que la religieuse retirée des séductions du dehors.

Rousseau avec ce programme vengeur représente une position extrême dans la misogynie. Rien de tel avec les idées progressistes qu'apporte Diderot dans *Le Neveu de Rameau*, au cours d'un dialogue entre

20. *Ibid.*, p. 263.

celui-ci et le Philosophe (ou entre Lui et Moi). Mais sans manifester aucune hostilité aux femmes, ces propositions peuvent difficilement provoquer de leur part un quelconque enthousiasme.

«Lui – Et que lui apprendrez-vous donc, s'il vous plaît ?

Moi – A raisonner juste, si je puis ; chose si peu commune parmi les hommes, et plus rare encore parmi les femmes.

{...}

Lui – Quoi, point de danse ?

Moi – Pas plus qu'il n'en faut pour faire une révérence, avoir un maintien décent, se bien présenter et savoir marcher.

Lui – Point de chant ?

Moi – Pas plus qu'il n'en faut pour bien prononcer.

Lui – Point de musique ?

Moi – S'il y avait un bon maître d'harmonie, je la lui confierais volontiers, deux heures par jour, pendant un ou deux ans ; pas davantage.

Lui – Et à la place des choses essentielles que vous supprimez ...

Moi – Je mets de la grammaire, de la

fable, de l'histoire, de la géographie, un peu de dessin, et beaucoup de morale.

Lui – Combien il me serait facile de vous prouver l'inutilité de toutes ces connaissances-là, dans un monde tel que le nôtre ; que dis-je, l'inutilité, peut-être le danger. »[21]

Laclos, dont le pessimisme sur le monde qui l'entoure, égale au moins celui de Rousseau et de Diderot, n'est pas tenté par le programme coercitif du premier. Aggraver le poids des chaînes qui pèsent déjà sur la femme est, à ses yeux, une option inconcevable. Comme on peut le voir à travers ses lettres, il pencherait davantage du côté des réformes utilitaristes et de bon sens chères à Diderot. Pendant son enfermement sous la Terreur (brièvement incarcéré en 1793 à l'Abbaye, il est libéré, pour être à nouveau arrêté et enfermé à La Force puis à la prison de Picpus, où il reste de novembre 1793 au premier décembre 1794) Laclos étudie l'économie rurale. Il a, en effet, le projet, qu'il ne

21. Diderot, *Le Neveu de Rameau,* Introduction, notes, chronologie, dossier, bibliographie par Jean-Claude Bonnet, Paris, Flammarion, 1983, p. 67.

réalisera jamais, « d'aller cultiver quelque petit champ, quand on (lui) aura rendu la liberté ». Il songe également à l'éducation de ses enfants. Son but est de se mettre ainsi «en état de montrer cette véritable science» à ses enfants. «Je dis à mes enfants, précise-t-il, car ma fille y est comprise, et devrait peut-être être préférée pour cette étude. Je vois le moment s'approcher où la guerre, l'agriculture, et la partie active du commerce réclameront les soins de tous les hommes, et où toutes les occupations sédentaires, autres que la législation et le gouvernement, seront abandonnées aux femmes. »[22] Et quelques jours plus tard, il précise : «Je voudrais que mon fils fût préparé pour l'agriculture, et pour un métier d'art nécessaire ; et que ma fille le fût pour les ouvrages de son sexe, l'économie rurale, et les écritures du commerce. »[23] Mais lorsqu'il écrit son essai sur

22. Choderlos de Laclos, *Lettres inédites,* publiées par M. Louis de Chauvigny, Paris, Société du Mercure de France, MCMIV, lettre datée 21 prairial an second de la Rép. une et indiv., p. 63.

23. *Ibid.,* lettre datée du 26 prairial, p. 74.

l'éducation des femmes, et qu'il ignore encore l'approche concrète, paternelle de ce problème, il s'autorise un radicalisme théorique intransigeant. Refusant la rigueur punitive de Rousseau et la modération progressiste de Diderot, il renonce à un aménagement réaliste. Il préfère opter pour l'hypothèse surréaliste d'une révolution totale. Il abandonne la problèmatique pédagogique et construit la scène d'une apparition parfaite. Laclos use de l'état de nature comme d'un modèle conceptuel qui lui permet de créer le personnage de la femme naturelle, pure présence physique, dont l'épanouissement nous transporte au paradis de la transparence et de l'immédiateté. De la même façon, sa réflexion sur la société de son temps lui avait inspiré le personnage de Madame de Merteuil, une femme au comble de la sophistication et de l'intelligence manipulatrice, et qui porte à ses dernières conséquences les rapports de guerre entre les sexes et le règne de l'hypocrisie. *Les Liaisons dangereuses* et *Des femmes et de leur éducation* sont deux textes dominés par des personnages féminins extrêmes, dont la force et la beauté relèvent de critères opposés, mais également perçus par leur auteur dans l'éclat du désir.

Laclos ne propose pas de solution à la question *Que faut-il enseigner aux femmes ?* De façon plus fondamentale, et aux conséquences sociales et morales incalculables, il imagine une femme différente. Il rêve pour celle-ci un autre rapport à la maternité et lui modèle un corps entièrement neuf, ignorant des entraves et des faiblesses de l'ancien.

Laclos plaide ici, à la suite de Rousseau, en faveur d'un rapport plus étroit, physique et affectif, entre la mère et le nourrisson. Il naturalise la maternité. Il se déclare partisan de l'allaitement maternel, et hostile aux services des nourrices, puis des gouvernantes à qui les mères confiaient leur enfant. Ce phénomène a pris une ampleur alarmante et qui aggrave le taux de mortalité infantile. Selon l'étude d'Elisabeth Badinter : «C'est au XVIIIe siècle que la mise en nourrice s'étend dans toutes les couches de la société urbaine. Des plus pauvres aux plus riches, dans les petites ou les grandes villes, le départ des enfants en nourrice est un phénomène généralisé. Paris, comme d'habitude, donne l'exemple en envoyant ses petits enfants loin hors de ses murs, parfois jusqu'à cinquante lieues de la capitale, en Normandie, en Bourgogne, ou dans le Beauvaisis.»[24]

En même temps que Laclos souhaite pour la mère un lien plus charnel, plus sensible avec son enfant (il écrit, dans une des lettres de prison adressées à sa femme: «J'imagine que quand tu seras bien emménagée tu prendras ta fille avec toi. Le plus grand service que tu puisses lui rendre, à mon sens, c'est d'arroser sa jeune âme de ton expressive sensibilité»[25]), il préconise pour la femme, plus généralement, un régime et une éthique corporels inhabituels à son époque. Il annonce un corps féminin alors inconnu, un corps mieux reposé et soucieux d'hygiène, plus énergique, souple et résistant. Une femme, pleine de vitalité, adonnée à tous les plaisirs

---

24. Elisabeth Badinter, *L'Amour en plus, Histoire de l'amour maternel (*XVII - XXe *siècle)*, Paris, Editions Flammarion, 1980, p. 56-57.

25. Choderlos de Laclos, *Lettres inédites, op. cit.,* lettre du 13 floréal an Sd de la Rép. une et indivis., p. 32.

du mouvement, à la marche comme à la natation. Un être dont la beauté est une émanation de la santé, et que son profond équilibre rend encore plus sensible au désir. Louis-Sébastien Mercier dans son *Tableau de Paris* dénonce «l'attitude de faiblesse» caractéristique de ses contemporaines qui, serrées dans d'étroits corsets, vivent éloignées de toute forme d'exercice physique et, victimes perpétuelles de vapeurs et autres formes de vertiges, succombent régulièrement aux évanouissements : «La faiblesse sied à une femme, elle le sait : elle sent qu'elle intéresse davantage en paraissant un être délicat. Voilà pourquoi nos femmes, quoique bien portantes, apprennent à marcher nonchalemment, à grasseyer, à faire la malade, à se plaindre de leurs nerfs.»[26] Laclos, qui n'oublie jamais de rappeler à son épouse les bienfaits de la promenade souligne la séduction propre à «l'état de force». Indissociable de la valeur hygiénique et même médicale de son propos, il y a aussi l'esquisse d'un nouvel

26. Louis-Sébastien Mercier, *Tableau de Paris,* Amsterdam, 1782, t. V, p. 90.

idéal féminin. La femme naturelle qu'il nous dépeint n'est pas réductible à la pure illustration d'une volonté de démontrer. Douée des trois biens essentiels «la liberté, la force et la santé», elle est aussi le motif d'une rêverie érotique, porteuse de fantasmes.

Des femmes et de leur {impossible} éducation comprend une vision de la sexualité des femmes et de son développement. De ce point de vue, Laclos se montre à la fois traditionnel, puisqu'il postule un sommeil complet des sens jusqu'à «l'éveil» de la puberté, et audacieux, en prêtant à la femme, dès lors qu'elle est sortie de son engourdissement initial, une vie sexuelle spontanée, d'une irrépressible intensité. Laclos imagine la jeune fille tourmentée de désirs qu'elle ignore, en proie au trouble et à l'insomnie. Elle découvre la beauté de la nature qui l'environne, le chant des oiseaux, la verdeur des feuillages, mais n'en reste pas moins dévorée d'un manque intolérable. «C'est alors, écrit Laclos aussi peu soucieux des règles de la bienséance que de celles de la vraisemblance, qu'à quelque distance, elle aperçoit un homme ; un instinct puissant, un mouvement involontaire, la fait courir vers lui ; plus près, elle devient timide, elle s'arrête ; mais, emportée de nouveau, elle le joint et le serre entre ses bras... Jouissance délicieuse, qui, jamais, osera te décrire ?[27] »

Cette étude sur le corps féminin est indissociable d'un hymne au désir en sa libre expression. Après avoir, dans *Les Liaisons dangereuses,* développé le désir sous tous ses modes de médiations, sous tous ses jeux de miroirs, Choderlos de Laclos met en scène, au premier plan, dans la lumière d'un matin idéal, le lieu même du plaisir immédiat, la zone érogène par excellence : la peau, dans sa fraîcheur et sa nudité offertes. Autant que présence visuelle, la femme naturelle est appréhendée comme présence tactile, don sensuel.

La femme naturelle n'a pas la blancheur des femmes recluses dans leurs appartements, une pâleur indistinctement considérée comme signe de classe (seules les paysannes et les travailleuses manuelles exposaient leur peau au soleil. Alors que de nos jours c'est exactement l'inverse : le bron-

27. Voir plus loin, p. 69.

zage indique luxe des loisirs, la pâleur, la prison du travail) et de beauté. Etrangère aux critères dominants, elle bouleverse toutes les images reçues. Elle est plus grande, plus forte que la femme actuelle. «Sa peau, colorée par le soleil, est d'une teinte plus brune, mais plus animée ; elle est moins fine à la vérité, mais, si par là la sensation du toucher est moins générale, elle devient plus forte dans les parties qui en sont le siège et l'organe, et qui ont conservé toute leur sensibilité ; ses chairs, continuellement battues par un air vif, sont plus fermes et plus vivantes.»[28] Laclos déplace la question de l'éducation des femmes à celle de leur identité physique. Ce qu'il souhaite c'est la découverte d'un langage corporel encore inconnu, un visage qui ne soit pas un masque, un teint, une silhouette, une gestualité qui, loin de signifier la faiblesse, émanent d'une force sûre de soi, étrangère à toute crainte : celle des autres comme de ses propres désirs.

---

28. Voir plus loin, p. 71-72.

De l'éducation des femmes

I

Discours sur la question proposée par l'Académie de Châlons-sur-Marne

Quels seraient les meilleurs moyens de perfectionner l'éducation des femmes

«Le mal est sans remède
quand les vices se sont changés en mœurs.»
Sénèque, *Lettre 39*

1er mars 1783

Une compagnie de savants et de sages décerne aujourd'hui une couronne littéraire à celui qui dira le mieux *quels seraient les moyens de perfectionner l'éducation des femmes.* La foule des orateurs s'avance. Chacun d'eux vient présenter à ses juges le fruit de son travail et tous espèrent en obtenir le prix. D'autres motifs m'amènent. Je viens dans cette assemblée respectable consacrer à la vérité plus respectable encore une voix faible mais constante et que n'altérera ni la crainte de déplaire, ni l'espoir de réussir. Tel est l'engagement que je contracte en ce jour. Le premier devoir qu'il m'impose est de remplacer par une vérité sévère une erreur séduisante. Il faut donc oser le dire : il n'est aucun moyen de perfectionner l'éducation des femmes. Cette assertion paraîtra téméraire et déjà j'entends autour de moi crier au paradoxe. Mais souvent le paradoxe est le commencement d'une vérité. Celui-ci en deviendra une si je parviens à prouver que l'éducation prétendue, donnée aux femmes jusqu'à ce jour, ne mérite pas en effet le nom d'éducation, que nos lois et nos mœurs s'opposent également à ce qu'on puisse leur en donner une meilleure et que si, malgré ces obstacles, quelques femmes parvenaient à se la procurer, ce serait un malheur de plus pour elles et pour nous. Ici il est nécessaire de poser quelques principes. Et si cette marche didactique n'est pas celle de l'éloquence, il suffit à mes vues que ce soit celle de la vérité.

Ou le mot éducation ne présente aucun sens, ou l'on ne peut l'entendre que du développement des facultés de l'individu qu'on élève et de la direction de ces facultés vers l'utilité sociale. Cette éducation est plus ou moins parfaite, à proportion que le développement est plus ou moins entier, la direction plus ou moins constante ; que si au lieu d'étendre les facultés on les restreint, et ce n'est plus éducation, c'est dépravation ; si au lieu de les diriger vers l'utilité sociale on les replie sur l'individu, c'est seulement alors instinct perfectionné. Mais les facultés se divisent en sensitives et en intellectuelles. De là l'éducation physique et l'éducation morale qui, séparées dans leur objet, se réunissent dans leur but : la perfection de l'individu pour l'avantage de l'espèce. Dans le cas particulier qui nous occupe, la femme est l'individu : l'espèce est la société. La question est donc de savoir si l'éducation qu'on donne aux femmes développe ou tend au moins à développer leurs facultés, à en diriger l'emploi selon l'intérêt de la société, si nos lois ne s'opposent pas à ce développement et nous-mêmes à cette direction, enfin si dans l'état actuel de la société une femme telle qu'on peut la concevoir formée par une bonne éducation ne serait pas très malheureuse en se tenant à sa place et très dangereuse si elle tentait d'en sortir : tels sont les objets que je me propose d'examiner.

O ! femmes, approchez et venez m'entendre.

Que votre curiosité, dirigée une fois sur des objets utiles, contemple les avantages que vous avait donnés la nature et que la société vous a ravis. Venez apprendre comment, nées compagnes de l'homme, vous êtes devenues son esclave ; comment, tombées dans cet état abject, vous êtes parvenues à vous y plaire, à le regarder comme votre état naturel ; comment enfin, dégradées de plus en plus par une longue habitude de l'esclavage, vous en avez préféré les vices avilissants, mais commodes, aux vertus plus pénibles d'un être libre et respectable. Si ce tableau fidèlement tracé vous laisse de sang-froid, si vous pouvez le considérer sans émotion, retournez à vos occupations futiles. *Le mal est sans remède, les Vices se sont changés en mœurs.* Mais si au récit de vos malheurs et de vos pertes vous rougissez de honte et de colère, si des larmes d'indignation s'échappent de vos yeux, si vous brûlez du noble désir de ressaisir vos avantages, de rentrer dans la plénitude de votre être, ne vous laissez plus abuser par de trompeuses promesses, n'attendez point les secours des hommes auteurs de vos maux : ils n'ont ni la volonté, ni la puissance de les finir, et comment pourraient-ils vouloir former des femmes devant lesquelles ils seraient forcés de rougir ; apprenez qu'on ne sort de l'esclavage, que par une grande révolution. Cette révolution est-elle possible ? C'est à vous seules à le dire puisqu'elle dépend de votre courage en elle vraisemblable . Je me tais sur cette question ; mais jusqu'à ce qu'elle soit arrivée, et tant que les hommes régleront votre sort, je serai autorisé à dire, *et il me sera facile de prouver qu'il n'est aucun moyen de perfectionner l'éducation des femmes.*

Partout où il y a esclavage, il ne peut y avoir éducation : dans toute société, les femmes sont esclaves ; donc la femme sociale n'est pas susceptible d'éducation. Si les principes de ce syllogisme sont prouvés, on ne pourra nier la conséquence. Or, que partout où il y a esclavage il ne puisse y avoir éducation, c'est une suite naturelle de la définition de ce mot ; c'est le propre de l'éducation de développer les facultés, le propre de l'esclavage est de les étouffer ; c'est le propre de l'éducation de diriger les facultés développées vers l'utilité sociale, le propre de l'esclavage est de rendre l'esclave ennemi de la société. Si ces principes certains pouvaient laisser quelques doutes, il suffit pour les lever de les appliquer à la liberté. On ne niera pas apparemment qu'elle ne soit une des facultés de la femme et il implique que la liberté puisse se développer dans l'esclavage ; il n'implique pas moins qu'elle puisse se diriger vers l'utilité sociale puisque la liberté d'un esclave serait une atteinte portée au pacte social fondé sur l'esclavage. Inutilement voudrait-on recourir à des distinctions ou des divisions. On ne peut sortir de ce principe général, que sans liberté point de moralité et sans moralité point d'éducation.

[*Ici, plusieurs pages blanches format in-8° indiquent que Choderlos de Laclos n'a pas continué sa dissertation. Nous donnons les préliminaires comme une sorte de préface aux pages qui suivent dans le manuscrit 12. 846 ; elles sont écrites sur de grandes feuilles in-4°, d'une écriture très fine.*]

II
DES FEMMES ET DE LEUR ÉDUCATION

CHAPITRE PREMIER
De la femme et du but de cet ouvrage

Un ancien définissait l'homme un animal à deux pieds, sans plumes ; la femme est la femelle de cet animal-là, non la femme défigurée par nos institutions, mais telle qu'elle est sortie des mains de la nature. Destinée comme les autres animaux à naître et à produire, elle a reçu comme eux l'attrait du plaisir, moyen de conservation pour l'espèce ; la crainte de la douleur, moyen de conservation pour l'individu. De ces deux moyens, le premier comme moins important doit être et se trouve, en effet, subordonné au second. Après l'âge de la génération, la nature semble abandonner l'individu, son sentiment s'émousse, ses organes s'obstruent. Le plaisir et la douleur semblent le quitter à la fois ; l'insensibilité augmente, et nous l'appelons vieillesse ; l'insensibilité totale est la mort. Se conserver et se reproduire, voilà donc les lois auxquelles la nature a soumis les femmes. Ainsi, pourvoir à leur nourriture personnelle, recevoir les approches du mâle, nourrir l'enfant qui en est provenu et ne l'abandonner que lorsqu'il peut se passer de ses soins, telles sont les impulsions naturelles que les femmes reçoivent. Souvent nos institutions les en éloignent, jamais la nature ne manque de les en punir. Ont-elles gagné ou perdu à ces institutions ? Nous prétendons moins décider cette question que mettre nos lecteurs en état de le faire, et pour cela nous suivrons les femmes, depuis celles de la nature jusqu'à celles de nos jours. Cette carrière est vaste à parcourir. Arrivés à ce point, nous essayerons de reconnaître combien elles se sont égarées, et d'indiquer le chemin qu'elles ont à tenir pour se retrouver. Peut-être cette seconde course sera-t-elle aussi longue et plus pénible que la première.

CHAPITRE II
De la femme naturelle

La femme naturelle est, ainsi que l'homme, un être libre et puissant ; libre, en ce qu'il a l'entier exercice de ses facultés ; puissant, en ce que ses facultés égalent ses besoins. Un tel être est-il heureux ? Oui sans doute, et si, dans nos idées, son bonheur nous paraît un paradoxe, un examen plus réfléchi en fait bientôt reconnaître la vérité[1]. Les hommes ont voulu tout perfectionner et ils ont tout corrompu ; ils se sont chargés de chaînes, puis ils se sont plaints d'être accablés sous leur poids ; insensés et injustes, ils ont abandonné la nature qui les rendait heureux, puis, ils l'ont calomniée, en l'accusant des maux que cet abandon leur causait, qu'eux-mêmes s'étaient faits.

1. «Il ne faut pas prendre les recherches dans lesquelles on peut entrer sur ce sujet pour des vérités historiques, mais seulement pour des raisonnements hypothétiques et conditionnels plus propres à éclaircir la nature des choses qu'à montrer la véritable origine.» Rousseau, *De l'inégalité parmi les hommes,* p. 175, petit in-12.

CHAPITRE III
De l'enfance

L'homme civil, à l'instant de sa naissance, est étroitement garrotté dans un maillot ; il semble que ses parents veuillent déjà l'accoutumer à l'esclavage éternel qui lui est préparé ; dans cet état de gêne et de souffrance, sa mère le repousse et l'éloigne d'elle ; elle le prive de la chaleur maternelle qui convient seule à sa faiblesse ; elle lui refuse le lait préparé pour sa substance. Ce n'est pas ainsi qu'est traité l'enfant naturel ; au moment où sa naissance s'annonce un état d'abattement, de malaise et de *déplaisance* porte sa mère à chercher la solitude. Ses membres *endoloris* demandent un coucher plus doux, et, sans en pénétrer la cause, déjà elle prépare le lieu où se doit accomplir l'œuvre de la nature. Couchée tranquillement, elle attend sans crainte, comme sans prévoyance, un événement qu'elle ne connaît pas. Cependant une douleur salutaire vient lui rendre du ressort, la sollicite au mouvement nécessaire pour faciliter cette opération, l'engage même à prendre la situation la plus favorable à la sortie de l'enfant. Il naît enfin, et la cessation de la douleur (état si semblable au plaisir) est le premier sentiment qui attache la mère à l'enfant. Qui voudra savoir combien est délicieux et fort le sentiment de l'amour maternel qu'il n'aille pas dans les palais des grands où l'intérêt et la vanité sollicitent seuls la génération ; qu'il évite les cabanes des pauvres où la misère l'étouffe quelquefois ; qu'il fuie les hommes aujourd'hui trop dépravés ; mais qu'il consulte les animaux ; en est-il un, si timide, qu'il ne devienne courageux pour la défense de ses petits, un, si cruel, qu'il ne soit doux et folâtre avec eux ; un, si volage, qu'il ne se fixe à leur donner ses soins ?... La femme seule consent à se séparer de son fils... mais non ; chez elle-même la nature est violée et non pas séduite, encore sensible. Répondez, qui de vous s'est vu enlever son enfant nouveau-né sans l'arroser de quelques larmes ? La femme naturelle est plus heureuse ; rien ne la prive, rien ne la sépare de l'objet de son affection ; tous ses soins lui vont être consacrés ; peu d'heures après l'enfantement, elle se lève, elle va baigner son enfant dans un ruisseau voisin ; elle s'y baigne elle-même ; après s'être séchée sur le gazon, elle le sèche à son tour, non par des frictions irritantes, non en l'exposant à une chaleur *dessicative*, mais en le plaçant sur son sein ; c'est là qu'il trouve à la fois une chaleur salutaire et une nourriture qui lui convient. Le lait est le lien naturel qui unit la mère et l'enfant ; s'il est nécessaire à l'un de le recevoir, il est au moins dangereux à l'autre de l'en frustrer. Heureuse société dont la base est un bienfait réciproque. Aussi, la mère ne veut-elle jamais abandonner son enfant ; dans ses courses, que nécessite le besoin de sa nourriture, elle le porte entre ses bras ; dans ses moments de repos, elle joue avec lui et lui fait exercer ses forces naissantes ; s'il survient un danger, elle cache son enfant, elle s'expose seule et revient à lui le plus tôt possible : pareillement l'enfant ne saurait rester loin de sa mère ; s'il ne la voit plus auprès de lui, il pleure, il s'agite ; lui est-elle rendue ? il est tranquille, ses mains encore faibles cherchent à s'étendre vers elle, son sourire enfantin décèle sa joie, et cette joie retentit dans le cœur de sa mère. Nous le demandons maintenant, malgré l'appareil fastueux des accoucheurs, des gardes, des nourrices, des gouvernantes, lequel du fils d'un prince ou de cet enfant sauvage, lequel des deux est abandonné en naissant ?[1]

Cependant, le lait devenu plus rare, rend l'enfant moins utile à sa mère, et la mère moins nécessaire à son enfant ; déjà il a acquis quelque force, l'instinct d'imitation lui a appris, à l'exemple de sa mère, à chercher, connaître et prendre une nourriture

1. S'il se trouvait quelqu'un qui voulut douter qu'une femme nouvellement accouchée eût la force nécessaire pour remplir facilement les soins indispensables de la maternité, nous le renvoyons aux négresses de nos colonies qui, peu d'heures après l'enfantement, vont elles-mêmes laver leurs enfants ; aux vivandières de nos armées, qui accouchent pendant une marche, emmaillotent leur enfant à la hâte, et continuent de conduire devant elles le mulet qui porte leurs provisions, et peu de jours après reprennent les travaux pénibles auxquels elles sont assujetties ; aux femmes du pauvre paysan qui, bien plus près de nos mœurs, ne laissent pas, pendant la cérémonie du baptême, de nettoyer leur chambre et préparer la collation, puis se recouchent pour être malades, à l'imitation de nos dames.

étrangère. Il sait marcher comme elle, il n'y a plus de différence entre eux, que dans le degré de force et d'expérience usuelle, que le temps seul peut lui faire acquérir. Ici finit, avec la nécessité, le contrat d'union qu'elle avait établi entre la mère et l'enfant ; le premier hasard qui les désunit, les séparera pour toujours ; bientôt ils ne sauront plus même se reconnaître, l'enfant va exister seul sous la garde de la nature. Ici commence le second âge de l'homme.

CHAPITRE IV
Continuation du même sujet

L'enfance de l'homme a deux époques distinctes pour lesquelles notre langue ne fournit qu'un même mot. Les Latins, qui les ont distinguées, les ont exprimées par les mots *infans* et *puer*. La signification de ce mot *infans* (qui ne sait pas parler) prouve qu'ils avaient plus considéré l'homme civil que l'homme naturel. Pour nous, nous fixerons cette époque au temps où l'enfant peut pourvoir lui-même à ses besoins, c'est-à-dire, marcher et manger seul ; sans prétendre indiquer ce temps au juste, nous ferons remarquer que, pour les enfants des paysans, cette époque est ordinairement de trois à quatre ans. Nous observerons de plus que l'enfant naturel doit être plus précoce et que la comparaison avec quelques animaux nous porte à croire que ce temps doit être, à peu près, la trentième partie de la vie ordinaire. Après cette courte digression, nous continuerons de nous servir du mot enfant pour désigner le second âge de l'homme que nous allons considérer.

Ce second âge comprend un assez grand espace de temps, que la nature emploie à perfectionner l'individu et à le mettre en état de se reproduire. Les moyens dont elle se sert pour y parvenir sont le mouvement, l'appétit et le sommeil, moyens si heureusement unis que l'un ne manque jamais d'amener l'autre ; en effet le mouvement fait naître l'appétit, l'appétit à son tour nécessite le mouvement et tous deux, dès qu'ils sont satisfaits, provoquent le sommeil. Il n'est pas besoin d'avoir beaucoup observé les enfants, pour savoir que le mouvement est leur état naturel. Les entraves qu'on leur donne, les menaces qu'on leur fait, les châtiments qu'on leur inflige, les contraignent quelquefois, et ne les changent jamais ; les perd-on de vue un instant ? ils courent, ils sautent, ils s'agitent, il faut qu'ils se remuent. Un enfant tranquille, à moins qu'il ne soit fatigué, est un enfant malade ; ce symptôme est certain. Notre élève, disons mieux, celui de la nature, n'est pas contraint à ce repos forcé ; cette sage gouvernante le force, au contraire, à s'exercer sans cesse ; il a trop à faire pour rester en place.

De tous les animaux, l'homme est sans contredit celui qui s'accommode le mieux de nourritures différentes ; herbes, graines, fruits, poisson, chair, tout lui est bon. Malgré ces facilités, on sent assez que le soin de sa nourriture doit être une occupation longue et laborieuse, pour un enfant sans force et sans expérience. Les herbes contiennent peu de sucs nourriciers, en proportion de leur volume ; les graines sont dispersées, et l'on en recueille peu à la fois ; les fruits, pour la plupart, sont élevés, il faut apprendre à monter sur les arbres ; le poisson, les animaux, offrent plus de difficultés encore.

Dénué de force, l'enfant ne peut s'attaquer qu'aux animaux faibles, mais ceux-là sont d'ordinaire timides et fuyards ; la course est une ressource mal assurée, si la ruse ne s'y joint, et la ruse est le fruit de l'expérience ; il sera donc journellement exercé, souvent même fatigué, mais jamais affligé ni rebuté et qui pourrait trouver pénible un travail que le désir fait entreprendre, que soutient l'espérance, et que le succès couronne ? Cependant ce n'est pas assez de manger, il faut boire ; nouvelle course à faire, mais celle-ci se fait plus lentement que les autres, car, d'une part, l'enfant a déjà dissipé une partie de ses forces ; de l'autre, il marche vers un but certain et fixe ; il n'est poussé ni par l'inquiétude de trouver sa proie, ni par la crainte de la manquer : il arrive donc plus fatigué qu'échauffé.

Là il boit et se baigne ; il nage même, car il a appris de sa mère cet art, qui n'est ignoré que des peuples instruits ; il trouve à la fois dans cette occupation un délassement, un plaisir, et le seul tonique qui soit toujours efficace et jamais dangereux. On croit donc que manger et boire occupent une grande partie du temps de notre élève. A quoi emploiera-t-il le reste ? A dormir. Belle vie, dira-t-on. Qu'on nous dise donc ce que font de plus la plupart des hommes, sinon tromper, s'ils sont faibles, et opprimés. S'ils sont puissants, de pareilles occupations valent-elles le sommeil qui les remplace ? Notre élève dort, disons-nous, tantôt d'un sommeil profond, pendant lequel la nature élabore en silence ; tantôt de ce sommeil léger, qui se laisse sentir, doux repos que ne connaît pas le coupable et dont l'ambitieux se prive, qui délasse le voluptueux, lorsque ses excès ne l'en ont pas privé, que l'homme innocent et juste goûte quelquefois, malgré nos institutions, et qui, pour l'homme naturel, est un plaisir également sain et assuré. Cependant guidé par ses besoins, notre élève s'instruit peu à peu ; bientôt il sait franchir un buisson, se frayer une route dans un bois fourré, sauter un fossé, gravir une montagne escarpée, escalader un arbre. Chaque jour il reçoit de la nature une leçon nouvelle ; chaque proie qu'il poursuit lui est un sujet d'étude, chacun de ses repas est le prix de son adresse ou de ses réflexions.

Ainsi se passe ce long intervalle que la nature (si l'on peut parler ainsi) emploie à préparer l'espèce humaine, temps où chaque individu, n'étant encore qu'ébauché, n'a encore aucun caractère distinct, où les différences sexuelles sont encore nulles, ou au moins sans influence[1], où chacun, suivant l'expression d'Evagrius, est homme avec les hommes, et femme avec les femmes. Mais enfin la nature se sépare et se ramifie en quelque sorte ; elle perfectionne son ouvrage et divise les sexes. Nous la suivrons dans sa marche ; jusqu'ici nous avons généralisé nos expressions, parce que nos discours convenaient également à l'enfant mâle ou femelle. L'état de puberté les sépare, nous abandonnons le mâle et nous nous bornons au sujet que nous nous sommes proposé de traiter.

1. Analyse raisonnée de Bayle, t. IV.

CHAPITRE V

De la puberté

Le choix des aliments, plus ou moins nourrissants, la vie sédentaire ou active sont des causes physiques qui contribuent, presque autant que le climat, à accélérer ou retarder le moment de la puberté. Le feu de l'imagination qui, dans la société, ne manque presque jamais d'être allumé, soit par la vue d'actions, ou de tableaux relatifs, soit par des discours ou des lectures peu chastes, et par les réflexions solitaires, qui les suivent, est une cause morale, non moins puissante, pour hâter la nature. Elle paraît céder alors à une force étrangère, et les signes de puberté se manifestent bien avant que l'individu soit perfectionné ; mais ce dérangement des lois naturelles n'a jamais lieu sans porter sa peine avec lui ; le sujet qui existe trop tôt n'existe jamais pleinement. Si surtout il se presse d'user de sa jouissance, s'il s'y livre avec trop peu de ménagement, il n'a bientôt plus qu'une vie languissante et faible ; en vain cherche-t-il des ressources dans des aphrodisiaques, souvent illusoires, et toujours dangereux, il ne fait qu'empirer son mal. Le plaisir s'obstine à le fuir, si même il le rencontre quelquefois ce plaisir lui semble imparfait, il n'a plus la force de le goûter ; semblable à ces fruits précoces, que l'art arrache à la nature, il n'a ni qualité ni saveur, ce n'est qu'une apparence vaine : ainsi se venge la nature de l'être imprudent qui ose violer ses lois. Heureux encore, s'il portait seul la peine de sa témérité ; mais sa postérité la partage ; de là, ces générations vaporeuses, rachitiques et pituiteuses, si communes aujourd'hui dans nos grandes villes, de là ces hommes dégénérés qui nous font regarder, comme un roman invraisemblable, les monuments de la force de nos pères. La fille naturelle est à l'abri de ce danger ; jamais une table délicatement servie n'a provoqué son appétit satisfait ; jamais une oisiveté molle n'a laissé circuler dans son sang une trop grande quantité de sucs nourriciers ; jamais, surtout, des idées lascives n'ont enflammé son imagination. Vingt fois, cent fois, elle a vu s'accomplir devant elle l'acte de la génération ; elle n'a pas rougi, elle n'a pas fui, mais elle a continué sa route avec indifférence, et n'a pas jeté derrière elle un regard furtif; elle a vu des yeux du corps et non de ceux de l'âme ; ses sens dorment encore; ils attendent, pour s'éveiller, le cri de la nature. On peut donc assurer, avec vraisemblance, que la puberté de la fille naturelle ne se manifestera (au moins dans un climat semblable au nôtre) qu'après que le corps aura presque fini sa croissance, et l'on peut assurer avec certitude que, dans tous les climats, la nature, livrée à elle-même, n'accordera à une fille la faculté de devenir mère qu'après lui avoir donné la force d'en remplir les devoirs; qu'on ne craigne pas de la voir, dans la forêt, comme dans nos villes, trahir quelquefois la tendresse d'une mère, en lui refusant le lait qu'elle destinait à son enfant. Enfin le moment arrive où l'enfant va cesser de l'être, où son existence, jusqu'ici concentrée, va se partager et se répandre au dehors. Déjà les formes s'arrondissent, la gorge croît sensiblement, les parties de la génération se resserrent et se couvrent d'un poil naissant. Souvent, jusqu'à ce jour, dans une société de chasse, ou dans quelque autre occasion, notre jeune fille s'était trouvée parmi des hommes[1], sans inspirer, ni éprouver aucune sensation ; un nouveau hasard l'y ramène ; mais à peine a-t-elle touché la main de l'un d'eux, qu'un doux frémissement se répand dans tout son corps ; sa main se retire ; involontairement elle rougit, non de pudeur, mais de trouble ; elle désire, mais elle craint de s'approcher encore ; ce sentiment inconnu va l'occuper tout entière. Déjà elle cherche la solitude ; là elle se replie en quelque sorte sur elle-même, pour la première fois elle va s'occuper de ses pensées ; le morne ennui, la vague inquiétude la tourmentent tour à tour ; un léger engourdissement dans les aines, une sensibilité presque douloureuse dans les jointures, rendent son état encore plus pénible ; elle se fatigue facilement dans ses marches et reste en place sans trouver le repos ; bientôt elle éprouve des pesanteurs de tête, et tous les indices de plénitude, tant dans les mamelles que dans toutes les parties qui

1. Supposons cette association momentanée ; ce n'est pas tomber dans la faute, si souvent commise, de transporter à l'état de nature un fait qui ne convient qu'à l'état de société. On en trouve plusieurs exemples parmi les animaux chasseurs et pourtant solitaires.

appartiennent à la génération. Elle reste dans cet état jusqu'à ce que le premier flux menstruel vienne, à la fois, la soulager et préparer le laboratoire de la nature[1] ; sans doute, pendant ce temps, la fille naturelle se croit malade, non qu'elle puisse avoir l'idée de la maladie, telle que nous nous la formons, mais elle sent qu'elle souffre et qu'il se fait un changement en elle ; cependant ces symptômes disparaissent ; mais ils laissent après eux ce feu dévorant que la nature a allumé, et que le plaisir seul peut éteindre.

Victime d'un besoin qu'elle ignore, une secrète ardeur la consume ; à des jours inquiets, succèdent des nuits plus agitées encore ; la première aurore ne la trouve plus dans les bras du sommeil, elle ne goûte plus le repos rafraîchissant du matin ; tout dort autour d'elle, elle veille seule dans la nature ; à

1. On sait aussi qu'il y a eu des exemples de femmes devenues mères avant d'avoir eu aucun écoulement périodique ; on cite même un peuple entier où les femmes n'y sont pas sujettes, mais, outre que ces exceptions sont rares, n'est-on pas fondé à croire qu'alors l'écoulement a lieu intérieurement, ainsi que quelques auteurs le prétendent pour toutes les femmes pendant les temps de grossesse.

peine une faible clarté fait-elle distinguer les objets, et déjà elle erre avec inquiétude ; elle court au ruisseau le plus voisin, elle veut éteindre dans les eaux le feu qui la tourmente, les premiers rayons du soleil l'éclairent dans le bain. Vain remède ! elle en sort et brûle de nouveau. Elle porte autour d'elle des regards ardents et inquiets ; ils se fixent enchantés par le spectacle du matin ; elle a senti les premiers feux de l'amour ; la nature va s'animer pour elle ; le doux parfum des fleurs la prépare à la volupté ; le ramage des oiseaux n'est plus un vain bruit : c'est une harmonie touchante, qui répond à son cœur. Leurs caresses réitérées l'affectent plus encore ; les mains élevées, la bouche entr'ouverte, les yeux humides, elle regarde et craint de les distraire. Sa respiration courte et pressée, le mouvement précipité de son sein, tout montre assez le trouble de son âme. C'est alors, qu'à quelque distance, elle aperçoit un homme ; un instinct puissant, un mouvement involontaire, la fait courir vers lui ; plus près, elle devient timide, elle s'arrête. Mais, emportée de nouveau, elle le joint et le serre entre ses bras... Jouissance délicieuse, qui, jamais, osera te décrire ?

CHAPITRE VI
De l'âge viril

La puberté se trouvant, suivant nos principes, plus retardée, dans l'état de nature, que chez les peuples civilisés[1], l'intervalle qui la sépare de l'âge viril est moins long. Celui-ci commence au moment où le corps a pris son entier accroissement, et finit, pour les femmes, au temps où elles deviennent stériles[2]. Cet âge est proprement celui de la génération, et, c'est alors que se rapportent les soins de la maternité décrits ci-dessus au chapitre de l'enfance. Nous ne voyons pas qu'il apporte aucun autre changement dans la vie uniforme de la femme naturelle ; mais elle est parvenue à son point de perfection ; elle ne peut plus que déchoir. Avant qu'elle commence à ressentir l'abandon de la nature, arrêtons-nous un moment à la considérer. Nous observerons d'abord que la femme

1. Voir le commencement du chapitre précédent.
2. Nous faisons toujours abstraction des exceptions. Voir ci-dessous la note, p. 68.

naturelle jouit de trois biens, tels que leur privation est la source de toutes nos peines, savoir : la liberté, la force et la santé. Nous laissons à nos lecteurs le soin de la comparer, sur ces articles, avec la femme civilisée, et nous ne perdrons pas notre temps à discuter ces avantages ; mais il est deux biens sans lesquels les femmes comptent pour rien tous les autres, la beauté et l'amour. Ici nous aurons besoin de plus de réflexion, pour reconnaître les richesses de la femme naturelle : en effet, sa beauté n'est pas celle de la femme que nous connaissons ; elle n'a ni la peau blanche et délicate, dont le toucher nous flatte si voluptueusement, ni la douce flexibilité, apparente faiblesse, qui semble provoquer l'attaque, par l'espoir du succès, et préparer la défaite, par la facilité de l'excuse ; elle n'a, surtout, aucune des ressources de la parure dont les femmes de tous les climats savent si bien tirer parti ; sa peau, colorée par le soleil, est d'une teinte plus brune, mais plus animée ; elle est moins fine à la vérité, mais, si par là la sensation du toucher est moins générale, elle devient plus forte dans les parties qui en sont le siège et l'organe, et qui ont conservé toute leur sensibilité ; ses chairs, continuellement battues par un air vif, sont plus fermes et plus vivantes. On ne peut mieux comparer ces deux femmes qu'à des fruits, dont les uns seraient venus en pleine campagne et les autres dans des serres chaudes. Le caractère de sa figure est ordinairement la tranquille sérénité ; cependant, qu'elle s'anime, elle a de la physionomie ; non qu'on puisse dire d'elle, comme de tant d'autres femmes, que sa figure a plus d'esprit qu'elle ; elle ne sait pas minauder, mais elle sait encore moins se contraindre ; son âme se peint sur son visage, et s'il exprime avec force la colère ou la terreur, le désir ou la volupté ne s'y peignent pas avec moins d'énergie. Sa taille est grande et forte, et ses embrassements, que sans doute l'homme naturel trouve trop faibles encore, étoufferaient nos délicats petits-maîtres.

Sa parure est sa chevelure flottante, ses parfums sont un bain d'eau claire[1]. Cet état, nous osons l'assurer, est le plus favorable à la

1. Pour douter de la propreté rigoureuse de la femme naturelle, il faudrait n'avoir jamais observé les animaux sauvages.

jouissance[1]. Mais, dira-t-on, qu'est-ce que les jouissances sans amour ? Ames sensibles, nous pensons comme vous. L'amour est le consolateur de la société. L'homme social a payé ce bien de tous ceux que possède l'homme naturel. Tels nos premiers pères, suivant la tradition, ne connurent la jouissance qu'après leur expulsion du paradis terrestre. Cependant, la femme naturelle est-elle sans amour ? Nous convenons qu'il ne saurait y avoir de passion suivie entre deux êtres qui se joignent sans s'être jamais vus, et, dans un moment vont se séparer pour ne plus se reconnaître. Mais ce moment n'est pas indivisible et, si nous l'observons bien, nous pourrons y apercevoir toutes les nuances du sentiment. Les premières caresses leur tiennent lieu de déclaration ; tour à tour la femme fuit et provoque : ainsi croissent les désirs ; bientôt au comble, ils font naître l'ivresse ; elle ne s'exprime pas

1. Femmes coquettes et dédaigneuses, regardez autour de vous. L'ardent jeune homme vous recherche. Ce n'est pas l'âge difficile ; mais celui qui commence à perdre ses forces n'en trouve plus pour vous ; il se ranime encore à la vue d'une jeune et naïve villageoise. Tant est grand le charme de la nature.

par des phrases élégantes, mais ils ont les humides regards et les soupirs brûlants, qui sont de toutes les langues ; ils savent s'entendre pour jouir de concert et peut-être ce qui les différencie le plus est qu'ils se quittent sans dégoût. Pourquoi craindrions-nous de le dire ? Femmes sincères, c'est vous que nous interrogeons. En est-il une, parmi vous, qui ait joui constamment sans crainte, sans jalousie, sans remords, ou sans l'ennui pénible du devoir ou de l'uniformité ? Vous ne nous répondrez pas ; mais ayez le courage de scruter vos cœurs et jugez par vous-mêmes. En vain l'orgueilleuse pitié voudrait donc plaindre la femme naturelle ; elle a la liberté, la force, la santé, la beauté et l'amour. Que lui manque-t-il pour être heureuse ?

CHAPITRE VII
De la vieillesse et de la mort

Il est triste de passer du spectacle de l'amour à celui de la mort ; mais telle est la loi de la nature dans la succession éternelle des temps et des choses : soigneuse des espèces, elle paraît se soucier peu des individus ; ils ne sont, entre ses mains, que des instruments de la reproduction générale qu'elle abandonne, après en avoir fait usage ; alors commence la vieillesse, que termine la mort. Cet âge est celui des infirmités ; tout y annonce le dépérissement, les cheveux blanchissent, les dents tombent, les chairs mollissent[1], la peau se ride, tous les membres sont vacillants, tous les organes émoussés ; à ces effets naturels et inévitables de la vieillesse, à ces maux communs à tous, se joignent trop souvent la goutte, les rhumatismes, les pituites abondantes, etc., etc., fruits amers des dérèglements en tous genres, tourment presque inévitable de tous les vieillards, mais dont seront exempts l'homme et la femme naturels. Plus heureux encore ils n'auront ni les regrets du passé, ni les craintes de l'avenir ; ils ne seront ni tourmentants ni tourmentés, par leur humeur chagrine[2]. Ecoutez ce

1. Nous disons que les chairs mollissent, lorsqu'au contraire elles durcissent ; mais il faut nous entendre.

2. Nous ne craignons pas de mettre l'humeur au rang des maladies, et d'assurer qu'elle est plus pénible encore pour celui qui l'a que ceux qui la supportent.

vieillard ; à l'entendre, tout s'altère, tout périclite autour de lui ; les mets sont moins succulents, les femmes moins belles, la joie moins franche, tous les plaisirs moins vifs. Semblable à ce passager qui vogue pour la première fois, séduit par son jugement, il croit que les objet le fuient et ne s'aperçoit pas que c'est lui qui s'éloigne ; comme lui, il paraît oublier le terme de sa course et ne s'occupe que de son départ ; cette terre, qu'il ne doit plus revoir, occupe encore toutes ses affections ; ses regards, fixés vers elle, décèlent assez les idées qui l'occupent, bientôt il ne distingue plus les objets, mais il regarde la place où il les a vus ; il cherche à se faire illusion, il veut croire qu'il voit encore. Tandis que l'homme naturel suit tranquillement la pente douce et facile qui doit le conduire au repos éternel, le vieillard du siècle dispute avec acharnement une place que la nature destine à sa postérité. Placé dans un sentier étroit, entre le roc escarpé et un précipice sans fond, il s'y traîne en tremblant, il se tient à tout ce qu'il rencontre, il voudrait gravir encore et remonter vers la jeunesse ; retour impossible ; son temps est fait. L'un arrive enfin, sans s'en apercevoir, au terme de sa course ; le dernier pas de l'autre est une chute affreuse du sommet de la vie dans l'abîme du néant. Triste effet d'une imagination déréglée, qui sans cesse transporte l'homme de la place qu'il occupe à celle qu'il désire. Toutes les armes de la philosophie ne sont pas trop fortes pour combattre ce penchant : malheur inévitable des esprits faibles, fléau éternel des femmes qui, jamais, ne trouvent dans leur esprit les ressources nécessaires pour vaincre leur imagination. Et quel spectacle hideux présente cette femme effrénée, dont l'âge n'a pu modérer les désirs, et qui recherche encore un plaisir qu'elle ne peut plus faire partager ! Que de peines lui sont préparées, à combien d'humiliations elle doit s'attendre. L'homme, dans ce même cas, n'est pas moins ridicule ; mais il peut être moins malheureux ; il possède un reste de puissance, le vil intérêt lui fera trouver une fille complaisante, qui aidera sa vanité à lui faire illusion ; il sera le jouet de tout ce qui l'entoure, mais il pourra l'ignorer ; il n'aura pas le sentiment de son état. La femme n'a pas même cette ressource douteuse ; en vain, a-t-elle employé les mêmes moyens pour s'attacher un homme; il perd, entre ses bras, la force qu'il avait promise; il reste mort, entre elle et sa fortune. Heureuses les femmes qui, par un travail pénible, parviennent au moins à donner le change à leur imagination ardente, et savent la détourner sur des objets non moins futiles, mais analogues à leur âge; plus heureuse la femme naturelle, qui n'a à redouter aucun de ces malheurs. L'imagination des femmes sociales fait naître leurs sens et leur survit; celle de la femme naturelle naît et meurt avec eux; l'âge des plaisirs passé, elle n'est plus qu'un enfant mieux instruit; tranquille, elle n'a pas besoin de se repaître d'illusions; elle pourra vieillir, sans être joueuse, médisante ou dévote. A ces avantages, dont on sentira facilement le prix, la femme naturelle en joint un plus précieux encore, dont quelquefois l'homme social se vante sans en jouir, et dont elle jouit sans s'en vanter: elle ne craint pas la mort. Ce moment, si redouté, n'existe pas pour elle; elle n'en a point d'idée, son dernier moment est aussi serein que tous les autres; elle finit plutôt qu'elle ne meurt, mais elle se laisse aller sans se défendre; si elle a l'agonie du corps, elle n'a pas celle de l'esprit ; elle est exempte des terreurs de tout genre qui, parmi nous, ne cessent d'assiéger le mourant. Nous remarquerons, à ce sujet, que ce n'est pas un des moindres avantages de l'homme et de la femme naturels, d'être délivrés de la crainte de prévoyance ; sans doute ils seront effrayés, quelquefois, mais, au moins, ils n'auront à combattre ou à fuir que le danger présent, et non les fantômes de leur imagination. Cet avantage est peut-être inestimable, surtout pour les femmes, que nous voyons, tous les jours, tourmentées par mille craintes, qui, pour être puériles, ne leur sont pas moins pénibles ; pareillement, dans leurs maladies, ils ne souffriront que de leur douleur ; ils n'auront ni impatience ni inquiétude ; c'est chez eux qu'il faut chercher une résignation parfaite ; au reste ils auront peut-être des accidents, mais leurs maladies seront rares, et qui les leur causerait ? ils n'ont ni passions, ni cuisiniers, ni médecins.

CHAPITRE VIII

Réflexions sur ce qui précède

Nous avons suivi la femme naturelle dans les différentes époques de sa vie, nous l'avons vue, à sa naissance, objet des plus tendres soins de sa mère, recevoir d'elle les secours nécessaires à sa faiblesse ; encore enfant, mais déjà plus forte, nous l'avons vue, exempte de la contrainte où ses semblables sont réduites, croître librement et développer ses forces sous les yeux de la nature ; nous avons observé les changements qu'apportait en elle le moment de la puberté ; nous avons vu naître ses premiers désirs que le plaisir a suivis, plaisir aussi pur que vif, que n'empoisonnaient pas les maux que nos institutions ne cessent d'y mêler ; arrivée à l'âge viril, tandis que ses jours s'écoulaient partagés entre les doux soins de l'amour et ceux de la maternité, nous avons cherché à connaître tous ses avantages, et nous avons trouvé qu'il ne lui manquait aucun de ceux que l'on pouvait raisonnablement désirer ; dans sa vieillesse, nous l'avons vue, soumise aux seules infirmités qui en sont inséparables, éviter pareillement les douleurs du corps et les peines de l'esprit ; nous avons vu enfin une mort paisible terminer une vie heureuse. Quelle femme maintenant osera se présenter et disputer de bonheur avec elle ? Sera-ce, cette reine puissante, fière de dominer sur de vastes Etats, où cherchera-t-elle sa félicité ? Sans doute dans celle de ses sujets : elle courrera donc se rendre redoutable aux ennemis du dehors et étouffer les troubles intérieurs ; à la fois économe et libérale, elle n'accordera rien à l'intrigante avidité des courtisans et sera toujours assez riche pour récompenser les services rendus ; ses guerres, justes et heureuses, seront suivies de la victoire et les impôts multipliés ne dévoreront pas la substance du pauvre ; le faible ne l'implorera pas sans succès contre l'oppression du puissant ; sa justice vigilante sauvera le simple des embûches de la mauvaise foi ; chérie des bons, son nom sera la terreur des méchants, ils fuiront loin d'elle, ils iront chercher les lieux si peu rares où ils prospéreront si facilement ; alors sans doute elle sera bénie ; mais qu'elle n'espère pas un moment de repos ; ne faut-il pas qu'elle veille pour tous ? Veut-elle donner un moment à ses plaisirs ? Qu'elle attende celui qu'aucun de ses sujets ne réclamera, ou plutôt que sa vie soit une action continuelle et qu'elle *meure debout,* victime dévouée au bonheur de son peuple. Découragée à la vue d'une carrière si pénible, préférera-t-elle d'être faible et voluptueuse, oubliera-t-elle son peuple pour ne s'occuper que de ses plaisirs ? ils vont se rassembler autour d'elle ; son imagination sera moins prompte que le zèle de ses courtisans ; mais par là même ses jouissances seront imparfaites. Malheureuse elle n'aura pas le temps de désirer. Cependant, sous un règne faible, l'intrigue déploie toutes ses forces ; le courtisan ambitieux, non content d'opprimer le peuple, veut encore dominer sa souveraine ; maîtresse de tant d'Etats, elle ne l'est pas de sa volonté ; mue par des ressorts secrets, elle cède à une impulsion étrangère et inconnue ; elle ordonne par faiblesse l'éloignement de ceux qu'elle chérit et reste avec étonnement livrée à ceux qu'elle craint, alors elle perd l'habitude d'aimer ; la défiance et l'insensibilité viennent flétrir et resserrer son âme ; bientôt elle ne s'ouvre plus au plaisir ; elle n'est plus susceptible que de distractions, et les distractions mêmes sont devenues difficiles ; son palais l'ennuie, et toutefois elle craint d'en sortir ; traverse-t-elle les villes ? Le silence morne de son peuple contriste son cœur ; parcourt-elle les campagnes ? L'image de la misère afflige ses regards importuns et, elle-même, elle se prend aux lieux qu'elle habite de l'ennui qu'elle y porte ; elle se fuit, elle erre, sans choix comme sans dessein, elle recherche la vaste solitude des forêts, laissons-lui cette triste ressource : les seuls moments où elle se supporte sont ceux où elle parvient à s'oublier. Quelle autre femme se présente, dont l'éclat surpasse encore celui des reines ? A sa beauté parfaite, à son air enchanteur, à son magique pouvoir, on la prendrait pour une fée ; environnée d'une cour nombreuse, dont elle règle le destin, elle élève, elle abaisse à son gré, elle tourne en se jouant la roue de la fortune ; elle a jeté un regard de colère sur l'homme puissant, et son pouvoir s'est évanoui ; elle a tendu la main à l'homme accablé et proscrit, et il est devenu puissant et honoré. Les plus grands événements de l'histoire ne sont le plus souvent que l'effet d'un de ses caprices ; elle paraît désirer et déjà tout est en mouvement ; elle dit, et les obstacles disparaissent. A ces traits qui ne reconnaît la maîtresse d'un roi ? Tel est en effet le spectacle qu'elle présente à la foule qui la contemple et qui l'envie ; mais l'observateur attentif n'est pas séduit par ces apparences trompeuses ; il voit cette femme, il la sait idole et victime de la fortune, disposer de tout, hors d'elle-même, forcée de paraître gaie quand elle est triste, tendre quand son cœur est froid, folâtre et enjouée quand l'humeur la domine, confiante et tranquille, quand mille craintes l'obsèdent ; il la voit placée entre des mécontents et des ingrats ; il l'écoute se répéter avec amertume ce vers si connu : *J'ai des adulateurs et n'ai pas un ami*[1] ; il

1. La maîtresse choisie d'un monarque puissant, attaquée de la maladie dont elle mourut, voulut connaître son état, qu'on s'obstinait à lui cacher ; elle employa un moyen bien simple ; chaque jour, elle se faisait rendre compte des personnes qui venaient chez elle ; pendant longtemps, on lui nommait toute la cour ; un jour, enfin, on ne lui cita qu'une personne. Quoi, lui seul ? dit-elle. Seul, lui répondit-on. Alors, reprit-elle aussitôt, il faut mourir, je suis condamnée. Elle ne se trompait pas et mourut en effet, peu d'heures après.

écoute ses sanglots étouffés ; il remarque ses larmes encore mal essuyées ; il s'éloigne enfin et dit avec vérité : ce n'est pas là qu'est le bonheur. Mais, nous dit-on, vous feignez de chercher le bonheur et vous craignez en effet de le rencontrer. Nous entendons ce reproche et nous abandonnons les palais des rois.

Nous citera-t-on, pour être heureuse, cette femme jeune, jolie et sensible, qui vient de s'unir à l'époux qu'elle adore et qui doute du bonheur d'un moment ? Mais que l'intervalle est grand d'un moment de bonheur à une vie fortunée ! Sait-on quelle a été l'enfance et la jeunesse de cette femme, quelle sera sa vieillesse et sa mort, qui la garantira des accidents de tous les genres ? La crainte seule qu'ils lui inspireront altérera sa félicité, et, d'ailleurs, après avoir joui de tout, ne faudra-t-il pas tout quitter ? Plus la jouissance aura été délicieuse, plus la perte sera sensible, plus les regrets seront amers. Cherchons, au moins, dans notre imagination, ce que la société ne nous présente pas. Créons à notre gré une femme parfaitement heureuse, autant au moins que l'humanité le comporte ; ce sera celle qui, née d'une mère tendre, n'aura pas été livrée en naissant aux soins d'une mercenaire ; qui, plus grande, aura été élevée sous les yeux d'une institutrice également indulgente, sage et éclairée qui, sans jamais la contraindre, et sans l'ennuyer de ses leçons, lui aura donné toutes les connaissances utiles et l'aura exemptée de tous les préjugés ; qui, parvenue à cet âge du plaisir, aura trouvé pour époux un homme toujours nouveau, amoureux sans être jaloux, assidu sans être importun ; qui, devenue mère à son tour, aura goûté la douceur de l'amour maternel, sans en ressentir les inquiétudes perpétuelles, souvent suivies d'un affreux désespoir ; dont l'imagination sage aura vu fuir sans regret son heureuse jeunesse ; qui aura su, en vieillissant, éviter la maladie et les ridicules ; qui, enfin, saura voir la mort sans effroi et s'endormir paisiblement de son dernier sommeil ; qui, exempte de chagrins personnels, n'en recevra point d'étrangers ; dont la fortune sera telle, qu'abondamment pourvue du nécessaire, elle ne soit jamais embarrassée d'un superflu qu'elle ne désire point ; qui vivra sans ambition comme sans crainte ; qui, après avoir eu la plus grande sensibilité pour le plaisir, trouvera dans la douleur ou dans les privations le stoïcisme le plus philosophique. Mais cette femme n'est-elle pas une chimère ? Non, c'est trait pour trait, et seulement sous d'autres mots, l'histoire fidèle de la femme dans l'état de nature. On s'obstine pourtant à nous dire : cet état n'a jamais existé, il est impossible, il est invraisemblable. Cette question mérite d'être discutée.

CHAPITRE IX

Examen des raisons apportées contre l'état de nature

Ami de la vérité, nous ne dissimulerons pas que plusieurs philosophes ont combattu l'existence, et même la possibilité de l'état de nature tel que nous l'avons envisagé et, qu'en le supposant, ils ont nié ses avantages. La crainte d'une discussion trop longue, l'inutilité de répondre à des objections, toujours les mêmes, quoique diversement proposées, nous empêcheront de répondre à tous, mais dans le nombre, notre choix sera tel, qu'on ne pourra nous reprocher d'avoir cherché de faibles adversaires, pour combattre avec plus d'avantage ; c'est à MM. de Buffon et de Voltaire que nous allons essayer de répondre : « Peut-on dire de bonne foi (dit M. de Buffon[1]), que cet état sauvage mérite nos regrets, que l'homme, animal farouche, fût plus digne que l'homme citoyen civilisé ? Oui, car tous les malheurs viennent de la société, et qu'importe qu'il y eût des vertus dans l'état de nature s'il y avait du bonheur, si l'homme, dans cet état, était seulement moins malheureux qu'il ne l'est ? La liberté, la santé, la force, ne sont-elles pas préférables à la mollesse, à la sensualité, à la volupté même ? Accompagnées de l'esclavage, la privation des peines vaut bien l'usage des plaisirs, et pour être heureux que faut-il, sinon de ne rien désirer ? »

Telle est l'objection que M. de Buffon se propose.

Nous observerons d'abord qu'elle ne nous paraît pas faite avec sincérité. Pourquoi, par

1. Les animaux carnassiers. *Histoire naturelle,* t. XIV, p. 35, édition in-12.

exemple, accorder la volupté exclusivement à l'homme social ? Quelque sens que l'on veuille donner à ce mot, on trouvera que la volupté de l'homme naturel, pour être sous une forme qui nous est étrangère, n'en existe pas moins réellement pour lui. *La privation des peines vaut bien l'usage des plaisirs.* Hé quoi ! l'homme naturel n'a-t-il donc que la privation des peines ? est-il privé de l'usage des plaisirs ? et *pour être heureux que faut-il sinon de ne rien désirer ?* Ce n'est pas en ne rien désirer que consiste le bonheur, mais à obtenir ce qu'on désire. La question gît à savoir qui, de l'homme naturel, ou de l'homme social, a plus de facilité pour y parvenir.

Voyons maintenant la réponse de M. de Buffon.

«Si cela est (poursuit-il), disons en même temps qu'il est plus doux de végéter que de vivre, de ne rien appéter que de satisfaire son appétit, de dormir d'un sommeil apathique, que d'ouvrir les yeux pour voir et pour sentir ; consentons à laisser notre âme dans l'engourdissement, notre esprit dans les ténèbres, à ne nous jamais servir ni de l'une ni de l'autre, à nous mettre au-dessous des animaux, à n'être, enfin, que des masses de matière brute attachées à la terre. »

Nous pourrions répondre, à notre tour, qu'*il est plus doux de végéter que de vivre* malheureux, *de ne rien appéter* que de pouvoir *satisfaire son appétit, de dormir d'un sommeil apathique que d'ouvrir les yeux pour voir* des objets désagréables et sentir douloureusement, qu'il vaut mieux *laisser notre âme dans l'engourdissement* que l'en tirer par la douleur, *notre esprit dans les ténèbres* que dans l'erreur, *ne nous jamais servir ni de l'une ni de l'autre* que d'en faire un pernicieux usage, et que pourvu qu'on fût heureux, il importerait peu d'être au-dessus ou *au-dessous des autres animaux.* Mais cette vaine déclamation nous jetterait, ainsi que lui, hors de la question. En effet l'homme naturel ne végète point : il vit, il appète, et satisfait son appétit ; il dort, non d'un sommeil apathique, mais d'un sommeil tranquille ; il sait ouvrir les yeux pour voir et pour sentir ; son âme sensible connait la pitié et l'amour ; son esprit est éclairé sur ses besoins ; il fait usage et de l'une et de l'autre ; il n'est point au-dessous des animaux, il est le premier, le plus fortuné d'entre eux.

« Nous ne supposons pas (c'est toujours M. de Buffon qui parle) qu'il y a une plus grande distance de l'homme en pure nature au sauvage que du sauvage à nous (...). Nous voyons qu'on descend par degrés assez insensibles des nations les plus éclairées (...), les plus polies, à des peuples moins industrieux ; de ceux-ci à d'autres plus grossiers, mais encore soumis à des rois, à des lois ; de ces hommes grossiers aux sauvages. (...) Que les uns forment des nations assez nombreuses soumises à des chefs ; que d'autres en plus petite société ne sont soumis qu'à des usages, qu'enfin les plus solitaires, les plus indépendants ne laissent pas de former des familles et d'être soumis à leurs pères. Un empire, un monarque, une famille, un père, voilà les deux extrêmes de la société : ces extrêmes sont aussi les limites de la nature. »

Cette dernière phrase, qui résume tout ce qui la précède, nous paraît plus hardie que philosophique ; et nous aurions cru que les limites de la nature ne pouvaient se placer qu'entre deux contradictoires.

«Si elles s'étendaient au-delà (ces limites), n'aurait-on pas trouvé, en parcourant toutes les solitudes du globe, des animaux humains privés de la parole, sourds à la voix comme aux signes, les mâles et les femelles dispersés, les petits abandonnés, etc... »

En parcourant toutes les solitudes du globe! Et qui donc les a *toutes* parcourues? qui croirait, en lisant ceci, selon M. de Buffon lui-même «que ce qui nous reste à connaître du côté du pôle austral est si considérable, qu'on peut sans se tromper l'évaluer à plus d'un quart de la superficie du globe, en sorte qu'il peut y avoir dans ces climats un continent terrestre aussi grand que l'Europe, l'Asie et l'Afrique prises toutes trois ensemble[1]».

N'aurait-on pas trouvé des animaux humains... De ce qu'on n'en a pas trouvé, s'ensuit-il qu'il n'y en a point? L'Amérique ne subsistait-elle pas avant sa découverte, dans ce même temps où les savants de Portugal assemblés, déclaraient unanimement que le projet de Colomb *était celui d'un visionnaire, d'un homme qui cherchait des régions dans le cercle de la lune?... Privés*

1. *Histoire naturelle*, 1er vol., in 4°. Voir sur le même sujet l'*Histoire des voyages aux terres australes*, par M. le Président de Brosse.

de la parole... Le gloussement des troglodytes, peuple pourtant déjà civilisé, s'approche-t-il plus d'une langue formée que des cris d'expression de l'homme naturel ?

Sourds à la voix comme aux signes... Pourquoi sourds à tout cela ? *Les mâles et les femelles dispersés, les petits abandonnés.* Encore une fois, qui sait, qui osera dire que tout cela n'existe pas ? Mais quand ce globe serait exactement connu, et qu'on n'y aurait trouvé aucun homme dans l'état de pure nature, comment en conclurait-on que cet état n'a jamais existé puisqu'il est prouvé et généralement consenti que l'espèce humaine est susceptible de perfection ?

« Je dis même, qu'à moins de prétendre que la constitution du corps humain fut toute différente de ce qu'elle est aujourd'hui et que son accroissement fut bien plus prompt, il n'est pas possible de soutenir que l'homme ait jamais existé sans former de famille, puisque les enfants périraient s'ils n'étaient secourus et soignés pendant plusieurs années, au lieu que les animaux nouveau-nés n'ont besoin de leur mère que pendant quelques mois. »

Tous les animaux nouveau-nés ont besoin de leur mère pendant plus ou moins de temps, et nous ne voyons pas que leur société subsiste après le besoin passé. Nous avons cru pouvoir fixer ce temps pour les hommes entre deux et trois ans[1] et M. de Buffon lui-même paraît le fixer à quatre ans pour l'enfant d'un homme social[2], ce qui revient assez à notre calcul ; la différence n'existe donc que du plus au moins, et si tel animal (la louve par exemple), qui vit vingt ans, soigne son petit pendant un an[3], il nous semble qu'une femme qui en vit soixante ou quatre-vingts peut bien consacrer trois ans à ce soin, et ce temps passé, abandonner son enfant.

« Cette nécessité physique suffit donc seule pour démontrer que l'espèce humaine n'a pu durer, et se multiplier, qu'à la faveur de la société. » On vient de voir, si cette démonstration est suffisante. « Que l'union des pères et mères aux enfants est naturelle

1. Voir ci-devant *De l'enfance*, ch. III.

2. Voir l'*Histoire naturelle*, t. XIV, p. 39.

3. *Histoire naturelle du loup,* t. XIV.

puisqu'elle est nécessaire.» L'union des pères aux enfants nous paraît absolument inutile, même dans le système de M. de Buffon, et quant aux mères, ne pourrions-nous pas dire: leur union aux enfants cesse d'être naturelle dès qu'elle n'est plus nécessaire?

«Or, cette union ne peut manquer de produire un attachement respectif et durable entre les parents et l'enfant.»

Voilà positivement ce qui reste à prouver et qui ne nous paraît pas probable.

«Ainsi l'état de pure nature est un état connu; c'est le sauvage vivant dans le désert, mais vivant en famille, connaissant ses enfants, connu d'eux, usant de la parole et se faisant entendre.»

Ne sommes-nous pas autorisés à dire que ce n'est pas là l'état de nature?

«La fille sauvage ramassée dans les bois de Champagne, l'homme trouvé dans les forêts d'Hanovre ne prouvent pas le contraire.»

Ils prouvent au moins que le contraire n'est pas impossible.

M. de Buffon, après avoir rassemblé les hommes en famille, au premier moment de leur existence, forme un empire à la quatrième génération. Nous ne le suivrons pas dans sa marche rapide, il nous suffit d'avoir examiné s'il combat victorieusement les avantages et la possibilité de l'état de nature, tel que nous l'avons envisagé, et d'avoir mis nos lecteurs en état de juger si l'on peut, d'après ses raisons, assurer cet état malheureux ou impossible. Nous n'ajoutons plus qu'un mot. M. de Buffon, qui confond l'homme sauvage et l'homme naturel, se demande si cet homme est heureux, et se décide pour la négativer. Ici nous opposerons à M. de Buffon, M. de Buffon lui-même. Ecoutons-le parler dans son histoire des animaux sauvages[1] : « La nature leur a donné à tous la liberté avec des mœurs constantes, à tous des désirs et de l'amour, toujours aisés à satisfaire (...). « Amour et liberté, quels bienfaits ! Ces animaux que nous appelons sauvages parce qu'ils ne nous sont pas soumis, ont-ils besoin de plus pour être heureux ? Ils ont encore l'égalité, ils ne sont ni les esclaves, ni les tyrans de leurs semblables. »

1. *Histoire naturelle*, t. II, édition in-12.

Quelle force, quelle énergie dans ce tableau ! Mais pourquoi les *animaux humains* seraient-ils seuls privés de ces avantages ? M. de Buffon nous donne-t-il quelque raison de cette exclusion malheureuse ?

Il nous paraît que les raisonnements de ce philosophe ne suffisent pas, pour détruire le système que nous avons suivi. Voyons si M. de Voltaire, qui combat ce même système, avec tant de mépris et d'humeur, donne des raisons plus convaincantes.

M. de Voltaire commence par dire[1] qu'on n'a jamais vu de pays où l'état de pure nature subsistât.

Nous avons déjà observé que ce point de fait ne suffisait pas pour décider la question.

« Quelques mauvais plaisants (poursuit-il) ont abusé de leur esprit jusqu'au point de hasarder le paradoxe étonnant, que l'homme est originairement fait pour vivre seul, comme un loup-cervier, et que c'est la société qui a dépravé la nature. Autant vaudrait-il dire que, dans la mer, les harengs sont origi-

1. Voir *Question sur l'encyclopédie*, art. *homme* – pages 100 et suivantes.

nairement faits pour nager isolés, et que c'est par un excès de corruption qu'ils passent en troupe, de la mer glaciale sur nos côtes, qu'anciennement les grues volaient en l'air chacune à part, et que par une violation du droit naturel, elles ont pris le parti de voyager en compagnie. »

N'est-ce pas une plus mauvaise plaisanterie de vouloir établir une analogie entre l'homme, les harengs et les grues ? Ce raisonnement a surtout le défaut de pouvoir être rétorqué avec autant d'avantage.

Quelques mauvais plaisants (pourrait-on dire) ont abusé de leur esprit jusqu'au point de hasarder le paradoxe étonnant que l'homme est originairement fait pour vivre en société... Autant vaudrait-il dire que les bœufs et les chevaux étaient originairement faits pour vivre en troupeaux et en escadrons, et que c'était par un excès de corruption, ou par une violation du droit naturel, qu'ils erraient isolés dans les bois.

« Chaque animal a son instinct (continue M. de Voltaire) et l'instinct de l'homme, fortifié par la raison, le porte à la société, comme au manger et au boire. »

C'est absolument mettre en fait ce qui est en question.

« Quiconque vivrait absolument seul perdrait bientôt la faculté de penser et de s'exprimer. »

L'homme isolé n'acquerrait pas la faculté de parler ; mais pourquoi n'aurait-il pas celle de penser et de s'exprimer ? L'animal le plus farouche a ses pensées et son expression.

« Il serait à charge à lui-même. »

Nous ne voyons pas pourquoi.

« Il ne parviendrait qu'à se métamorphoser en bête. »

Pour la plupart, cette métamorphose ne serait pas difficile.

M. Rousseau avait dit[1] : « Il n'est pas naturel qu'un homme s'attache à une femme pendant les neuf mois de sa grossesse ; l'appétit satisfait, l'homme n'a plus besoin de telle femme, ni la femme de tel homme ; celui-ci n'a pas le moindre souci ni peut-être la moindre idée des suites de son action ; l'un s'en va d'un côté, l'autre de l'autre et il n'y a pas d'apparence qu'au bout de neuf

1. *Discours sur l'origine de l'inégalité parmi les hommes.*

mois ils aient la mémoire de s'être connus. (...) Pourquoi la secourra-t-il après l'accouchement ? pourquoi lui aidera-t-il à élever un enfant qu'il ne sait pas seulement lui appartenir ? »

« Tout cela est exécrable » (s'écrie M. de Voltaire), mais pourquoi ? Les animaux qui en usent ainsi sont-ils exécrables ? « Mais (continue-t-il) heureusement rien n'est plus faux. » Voyons comment il le prouve.

« Si cette indifférence était le véritable instinct de la nature, l'espèce humaine en aurait presque toujours usé. Ainsi l'instinct est immuable, ses inconstances sont très rares, le père aurait toujours abandonné la mère, la mère aurait abandonné son enfant, et il y aurait bien moins d'hommes sur la terre qu'il n'y a d'animaux carnassiers, car les bêtes farouches, mieux pourvues, mieux armées, ont un instinct plus prompt, des moyens plus sûrs et une nourriture plus assurée que l'espèce humaine. »

Il n'est pas besoin de beaucoup observer les animaux domestiques, pour voir combien l'éducation altère et fait varier l'instinct, mais combien, surtout, les hommes n'ont-ils pas contrarié le leur ? Eh ! quoi ! l'instinct de l'homme qui a faim ne le porte-t-il pas à ravir le pain que mange à ses yeux l'homme plus faible que lui ? L'instinct d'un homme vigoureux ne le porte-t-il pas à jouir d'une fille jeune et jolie près de laquelle il se trouve ? Elle-même, sollicitée par ses désirs, par ceux de son amant, ne sent-elle pas son instinct la porter à se rendre ? L'instinct de ces cent mille hommes rangés en bataille devant cent mille autres, au moment d'une décharge d'artillerie et de mousqueterie, ne les porte-t-il pas à fuir plutôt qu'à tuer, ou se faire tuer pour une cause qui leur est étrangère ? Tous résistent pourtant à l'instinct, et l'on vient nous dire que ses inconstances sont très rares. L'instinct de la nature n'est-il pas dans tous ces cas étouffé sous le poids de nos institutions ? Si, dans l'état social, la mère reste unie à l'enfant, et l'enfant à la mère, après le besoin passé si chacun d'eux reste uni à son époux ou à son père, qui peut assurer que cette union ne soit pas plutôt le fruit de nos institutions, que l'impulsion nécessaire de l'instinct naturel ? L'histoire des animaux ne nous fournit aucun exemple de cet attachement respectif des mères et des enfants, qui ne cesse avec le besoin de ceux-ci. Dans quelques espèces nous trouvons à la vérité une union passagère du mâle à la femelle qui disparaît toujours avec le besoin des petits ; mais, outre que cette union de l'homme à la femme ne paraît pas nécessaire à leur enfant, nous osons dire qu'elle est impossible ; en effet, les animaux chez lesquels cette union subsiste, ont toujours un temps marqué pour les désirs de l'amour ; ce temps passé, les désirs s'éloignent dans l'un et l'autre sexe ; et, de plus, ce temps est toujours suivi de la fécondité. Il n'en est pas ainsi de l'homme et de la femme ; l'homme aura de nouveaux désirs, et s'il les satisfait avec une autre femme, à laquelle des deux s'attachera-t-il ? Supposons que, contre toute espèce de raisons, il se fixe à une seule. Est-il sûr que cette femme en sera fécondée, et, si elle ne l'est pas que deviendra leur union ? jusqu'à quand durera-t-elle ? Le mariage indissoluble et avec une seule femme deviendrait, dans ce cas, une suite nécessaire de l'instinct naturel et immuable, dont parle M. de Voltaire.

M. de Voltaire avance que l'*instinct des animaux carnassiers est plus prompt que celui de l'homme.*

Nous conviendrons d'autant moins de ce fait, relativement à l'homme naturel, que nous le voyons démenti chez l'homme sauvage, qui a déjà dû perdre une partie de cet instinct. *Ils ont,* ajoute-t-il *une nourriture plus assurée que l'espèce humaine.* Nous avons déjà dit plus haut, d'après les plus savants naturalistes, que l'espèce humaine était celle qui s'appropriait le plus facilement les différentes nourritures. Il en tire cette conséquence que, dans notre supposition, *il y aurait moins d'hommes sur la terre que d'animaux carnassiers.*

Quand cela serait, ce ne serait pas une raison suffisante pour détruire un système qui serait vrai d'ailleurs, mais cette supposition nous paraît absolument gratuite.

«Les hommes les plus durs (poursuit M. de Voltaire) aiment par un instinct dominant l'enfant qui n'est pas encore né, le ventre qui le porte, et la mère qui redouble d'amour pour celui dont elle a reçu dans son sein le germe d'un être semblable à elle.»

Nous convenons que les enfants sont un lien de plus pour les époux réunis dans l'état social, et nous aurons occasion par la suite d'en dire les raisons ; mais nous avons quelque peine à comprendre comment les hommes (durs ou non) *peuvent aimer par un instinct dominant l'enfant qu'ils ne savent pas devoir naître, le ventre qu'il ignorent le porter,* ni comment *la mère redouble d 'amour pour celui dont elle ne se doute pas d'avoir reçu dans son sein le germe d'un être semblable à elle.*

« L'instinct du charbonnier de la Forêt-Noire leur parle aussi haut, les anime aussi fortement, en faveur de leurs enfants, que l'instinct des pigeons et des rossignols les force à nourrir leurs petits. »

Nous convenons de tout cela ; mais les pigeons et les rossignols abandonnent leurs petits, sitôt qu'ils peuvent se passer d'eux.

Ne pouvons-nous pas dire maintenant avec M. de Voltaire, mais par une application différente : « Le grand défaut de tous ces livres à paradoxe n'est-il pas de supposer toujours la nature autrement qu'elle n'est ? »

Résumons-nous. Nous avons vu qu'il n'est pas prouvé que l'état que nous appelons de nature n'existe point; qu'il est impossible de prouver qu'il n'a jamais existé; que loin d'être invraisemblable on ne peut l'attaquer que par des suppositions gratuites ou des assertions téméraires. Nous avons donc été fondés à le considérer comme le point d'où les femmes étaient parties; nous allons examiner à présent quels et combien de changements les institutions sociales leur ont fait éprouver.

CHAPITRE X
Des premiers effets de la société

La nature ne crée que des êtres libres ; la société ne fait que des tyrans et des esclaves; toute société suppose un contrat, tout contrat une obligation respective. Toute obligation est une entrave qui répugne à la liberté naturelle ; aussi l'homme social ne cesse de s'agiter dans ses liens, il tend à s'y soustraire, il cherche à en rejeter le poids sur ses semblables, il ne veut retenir que le bout de la chaîne pour les diriger à son gré; il suit de là que, si l'oppression du fort envers le faible n'est pas une loi naturelle, dans le sens où les moralistes prennent ces mots, elle n'en est pas moins une loi de la nature, ou plutôt la première vengeance que la nature abandonnée tire de l'homme social ; il suit de là que, toute convention faite entre deux sujets inégaux en force, ne produit, ne peut produire qu'un tyran et un esclave, il suit encore de là que, dans l'union sociale des deux sexes, les femmes généralement plus faibles ont dû être généralement opprimées ; ici les faits viennent à l'appui des raisonnements. Parcourez l'univers connu, vous trouverez l'homme fort et tyran, la femme faible et esclave ; que si quelquefois elle a l'adresse de lier les mains à son maître et de commander à son tour, ce cas est extrêmement rare. Quand on parcourt l'histoire des différents peuples et qu'on examine les lois et les usages promulgués et établis à l'égard des femmes, on est tenté de croire qu'elles n'ont que cédé, et non pas consenti au contrat social, qu'elles ont été primitivement subjuguées, et que l'homme a sur elles un droit de conquête dont il use rigoureusement. Aussi, loin de penser, comme quelques-uns, que la société commença par la réunion des familles, nous croirions plutôt que la première association fut faite par des hommes seulement, qui, se sentant plus égaux en force, durent se craindre moins les uns les autres ; mais ils sentirent bientôt le besoin qu'ils avaient des femmes ; ils s'occupèrent donc à les contraindre, ou à les persuader, de s'unir à eux. Soit force, soit persuasion, la première qui céda, forgea les chaînes de tout son sexe. On sent assez que, dans ces premiers temps, il n'y eut aucune propriété exclusive, on partageait également les fruits d'un champ cultivé en commun ; on en usait de même du gibier tué dans une chasse générale ; les femmes même suivirent cette loi ; toutes étaient à tous[1]. Nul d'entre eux n'avait l'idée du choix. Cependant, dans cette communauté de travaux et de fruits, il est aisé de pressentir que le partage ne dut pas être longtemps égal ; que, bientôt, la loi du plus fort se fit sentir : que les femmes, pour cela encore qu'elles étaient les plus

1. On connaît encore quelques peuplades qui vivent dans cette entière communauté.

faibles, furent assujetties aux travaux les plus pénibles, et en recueillirent le moins de fruit; les hommes étendirent bientôt jusqu'à elles cette même idée de propriété qui venait de les séduire et de les rassembler; de cela seul qu'elles étaient à leur convenance et qu'ils avaient pu s'en saisir, ils en conclurent qu'elles leur appartenaient: telle fut en général l'origine du droit. Les femmes manquant de forces ne purent défendre et conserver leur existence civile : compagnes de nom, elles devinrent bientôt esclaves de fait, et esclaves malheureuses; leur sort ne dut guère être meilleur que celui des Noirs de nos colonies. Si l'on veut retrouver encore des vestiges sensibles de cet abus de force, que l'on considère un moment ces peuples encore grossiers que nous nommons sauvages, qui, réunis depuis peu de temps, ont déjà perdu les avantages de l'état de nature et n'ont pu pallier encore les premiers vices de la société. C'est là que l'on voit les femmes chargées seules des travaux les plus vils et les plus pénibles, toujours excédées, souvent maltraitées, quelquefois tuées par des maîtres, oisifs et capricieux, qui paient ainsi les soins qu'elles prennent d'eux, les substances qu'elles leur fournissent, et le plaisir qu'elles leur procurent ; c'est ainsi que nous les voyons encore aujourd'hui ramer comme nos forçats, sur les canots des Groenlandais, et soumises au même traitement ; enfin, à quarante ans, chez les Calmouques, d'être les compagnes de leurs maris, et devenir les servantes de la maison et des jeunes femmes qui leur succèdent ; traitées, chez les Coréens, comme leurs esclaves, et souvent chassées, elles et leurs enfants, pour des fautes légères ; corrigées avec sévérité chez les peuples du mont Liban et y être esclaves, non seulement de leurs maris, mais même de leurs enfants mâles ; chargées à Congo de tous les travaux de force, y servir leurs maris et n'oser ni manger avec eux ni s'asseoir en leur présence ; c'est ainsi qu'on voit encore les Hottentots, quoique élevés par leurs mères, se faire un point d'honneur de les mépriser, de les frapper même, lorsque à l'âge de dix-neuf ans, ils sont agrégés parmi les hommes ; que si, dans ces pays, les hommes paraissent s'être réservé les fatigues de la chasse, c'est que cette occupation, loin de leur paraître pénible, est en eux un penchant naturel, fortifié encore par le désir de puissance et de domination, premier fruit de l'esprit social. Ils regardent si bien la chasse comme un plaisir que, chez quelques peuples, (les Lapons par exemple), elle n'est pas même permise aux femmes. L'oppression et le mépris furent donc, et durent être généralement, le partage des femmes dans les sociétés naissantes ; cet état dura dans toute sa force jusqu'à ce que l'expérience d'une longue suite de siècles leur eût appris à substituer l'adresse à la force. Elles sentirent enfin que, puisqu'elles étaient plus faibles, leur unique ressource était de séduire ; elles connurent que si elles étaient dépendantes des hommes par la force, ils pouvaient le devenir d'elles par le plaisir. Plus malheureuses que les hommes, elles durent penser et réfléchir plus tôt qu'eux ; elles surent les premières que le plaisir restait toujours au-dessous de l'idée qu'on s'en formait, et que l'imagination allait plus loin que la nature. Ces premières vérités connues, elles apprirent d'abord à voiler leurs appas pour éveiller la curiosité ; elles pratiquèrent l'art pénible de refuser, lors même qu'elles désiraient de consentir ; de ce moment elles surent allumer l'imagination des hommes, elles surent à leur gré faire naître et diriger les désirs : ainsi naquirent la beauté et l'amour[1] ; alors le sort des femmes s'adoucit, non qu'elles soient parvenues à s'affranchir entièrement de l'état d'oppression où les condamna leur faiblesse ; mais dans l'état de guerre perpétuelle qui subsiste entre elles et les hommes, on les a vues, à l'aide des caresses qu'elles ont su se créer, combattre sans cesse, vaincre quelquefois, et souvent, plus adroites, tirer avantage des forces même dirigées contre elles ; quelquefois aussi les hommes ont tourné contre elles-mêmes ces armes, qu'elles avaient forgées pour les combattre, et leur esclavage en est devenu plus dur. De la beauté et de l'amour naquit la jalousie ; ces trois illusions ont totalement changé l'état respectif des hommes et des femmes, elles sont devenues la base et le garant de tout contrat passé entre eux ;

1. Afin que le lecteur inattentif ne nous accuse pas de dire ici ce que nous avons avancé plus haut, en parlant de la femme naturelle, nous le prévenons que nous parlons de la beauté de choix et de l'amour exclusif.

variées à l'infini dans leur forme, elles ne le sont pas moins dans leurs effets ; elles sont enfin aujourd'hui l'unique source de nos passions ; mais avant de considérer les effets, il convient d'examiner, de connaître les causes.

CHAPITRE XI
De la beauté

Qu'est-ce que la beauté ? question que l'on fait sans cesse, et à laquelle on ne répond jamais d'une manière satisfaisante ; pour s'en convaincre il ne faut que changer de lieux. Qu'on interroge sur cet objet le Français, l'Américain, le Chinois, qu'on fasse ainsi le tour du monde, on trouve l'inconstante beauté, changeant de forme à chaque pas, laisser partout des idées, ou du moins des expressions différentes ; qu'on se fixe dans le cercle étroit d'une société on n'en sera guère plus satisfait. *Telle femme est belle, mais elle ne me plaît pas,* est une phrase de tous les pays, dont l'usage fréquent montre assez qu'on n'est pas d'accord sur l'idée de la beauté ; car qu'est-ce que la beauté qui ne plaît pas ?

D'où viennent ces nombreuses contradictions, sinon du défaut de s'entendre ? Il suffit, pour le faire évanouir, de réduire l'expression de la beauté à ses plus simples termes. La beauté n'est, selon nous, que l'apparence la plus favorable à la jouissance, la manière d'être qui fait espérer la jouissance la plus délicieuse. C'est dans ce sens que la femme naturelle a de la beauté, c'est dans ce sens qu'on peut dire que toute femme fraîche, grande et forte, est une belle femme. Si cette définition est juste, elle doit, d'une part, convenir à tous les peuples indistinctement ; et, de l'autre, on doit en voir suivre naturellement cette foule d'idées, toujours différentes et souvent contraires, que chaque peuple, disons mieux, que chaque homme se forme de la beauté.

Du moment où les hommes furent réunis, ils perdirent le repos. L'homme naturel dort aussitôt que ses besoins sont satisfaits ; il n'en est pas ainsi de l'homme civil ; il faut qu'il veille à l'exécution du contrat social, il ne s'abandonne plus au sommeil, il ne lui donne que le temps qu'il ne peut lui refuser. Sans cesse en garde contre les entreprises de ses associés, il veille, non pour agir, mais pour être prêt à agir au besoin. Dans cet état d'inaction, l'homme s'occupa à comparer ses idées ; le passé revint à sa mémoire, l'avenir se peignit dans son imagination ; le souvenir et la prévoyance se développèrent, et agirent avec force sur lui ; souvent on les a vus, depuis, étouffer en quelque sorte la sensation du moment présent. Les besoins fournirent à l'homme ses premières idées ; celles du plaisir suivirent immédiatement, dès que sa mémoire fut assez exercée pour lui retracer l'effet des sensations qu'il avait éprouvées, il compara ses jouissances passées, il en conclut pour ses jouissances à venir. Jusque-là l'homme avait joui de la beauté sans s'en occuper ; alors il s'en occupa quelquefois même sans en jouir. Il sentit que, dans la jouissance, son plaisir n'était pas toujours également vif ; mille causes pouvaient concourir à cette inégalité ; il négligea celles qui étaient en lui, que même il ne pouvait connaître ; il les chercha donc toutes dans les objets étrangers. La femme qui lui avait procuré le plaisir le plus vif lui devint plus précieuse ; il la chercha de nouveau ; il choisit à son défaut celle qui lui ressemblait davantage ; il dut se tromper quelquefois ; mais enfin, il examina, il connut ou crut connaître, il s'accoutuma à préférer, il s'aperçut enfin qu'une peau douce et fine, tendue sur une chair ferme et élastique, apanage exclusif de la fraîcheur, suite ordinaire de la jeunesse, lui procurait un toucher plus agréable, en le faisant reposer plus doucement ; il désira la fraîcheur. Il s'aperçut qu'une grande femme multipliait ses sensations en le touchant par plus de points ; il désira une taille avantageuse. Il s'aperçut qu'il ne lui suffisait pas d'embrasser étroitement l'objet de sa jouissance, s'il n'éprouvait à son tour une étreinte délicieuse ; il désira la force. Il rechercha donc la femme qui possédait ces différents avantages : ainsi la fraîcheur, la taille et la force devinrent des motifs de préférence ; ainsi leur réunion constitua la beauté : nous pouvons la nommer beauté naturelle[1]. Que si quelquefois,

1. Depuis que les femmes, pour multiplier leurs plaisirs, ont eu l'adresse d'intéresser la vanité des hommes à se trouver plus forts qu'elles, ils ont souvent préféré l'apparence de la faiblesse et ont négligé la taille et la

aujourd'hui, les hommes paraissent contrarier ces principes, ils sont déçus par quelque illusion, ou déterminés par des sentiments étrangers qu'il ne sera pas difficile de découvrir. Il faut se rappeler que, dans ces premiers temps, les femmes étaient nues et sans résistance ; que tout regard jeté sur elle était un examen entier, et que le désir, aussitôt satisfait que formé, laissait toujours aux hommes le sens froid nécessaire pour juger ; mais lorsque les femmes commencèrent à se vêtir, l'imagination fut obligée de suppléer à ce que les yeux ne purent plus apercevoir ; et l'imagination est facile à séduire et quelquefois elle se trompe. La curiosité éveilla le désir et le désir embellit toujours son objet.

---

force. Quelquefois encore une curiosité libertine a fait rechercher par quelques hommes les femmes qui en avaient connu beaucoup d'autres, soit par l'espoir de connaître par elles de nouvelles manières de plaisir, soit par la vanité de leur en apprendre encore, et, souvent, par la supposition qu'une femme tant recherchée devait en effet mériter de l'être ; et alors ils ont négligé la fraîcheur ; mais ces exemples, quoique assez fréquents dans nos mœurs, ne sont pourtant que des exceptions.

Lorsqu'elles furent en possession de refuser ou d'accorder à leur gré, l'illusion augmenta encore ; tantôt le désir naquit de l'espoir de le satisfaire facilement, tantôt il s'éteignit par cette même idée de facilité ; tantôt il s'irrita par la molle résistance d'un refus simulé, tantôt il fut étouffé sous l'humiliation ou le chagrin d'un refus absolu : ainsi les hommes s'accoutumèrent à désirer avant de connaître ; ainsi la facilité ou la difficulté d'obtenir concoururent, autant que l'objet même, à donner plus ou moins d'énergie à ce désir ; ainsi l'illusion naquit de toutes parts. Les vêtements dérobèrent, presque en entier, la femme aux yeux de l'homme. Or, il n'est pas facile à l'œil de percer les plis d'une draperie pour reconnaître les vraies formes qu'elle cache ; on ne parvient pas tout d'un coup à juger par la vue de la résistance que le toucher doit éprouver ; cet art demande quelque expérience et les hommes les plus exercés s'y trompent encore quelquefois ; la multitude s'attacha donc à considérer la figure qu'elle voyait et s'accoutuma à juger le reste d'après elle. Alors la figure, qui jusqu'alors n'avait dû être qu'une faible partie de la beauté des femmes[1], devint partout leur principal ornement ; alors l'esprit de l'homme forma ses systèmes sur la beauté et, ne pouvant connaître les lois de la nature, il voulut la soumettre aux siennes. Mais ce nouveau code fut sujet, comme tous les autres, aux variations des lieux et des temps et la Vénus, qui gagna son procès en Aulide, l'eût vraisemblablement perdu à mille lieues de là. Les raisons de ces contradictions ne sont pas difficiles à trouver ; l'homme ne connaît les objets que par l'impression qu'il en reçoit ; la beauté n'agit sur lui que par le souvenir ; elle n'existe pas pour celui qui n'a eu aucune idée de jouissance ; de là vient, pour le dire en passant, que l'homme ou la femme, qui veulent plaire encore, après qu'ils sont flétris, recherchent de préférence les personnes assez jeunes pour n'avoir pu comparer encore les idées du plaisir ; ils savent qu'elles ne peuvent connaître la beauté ; ils espèrent profiter des premiers désirs

1. Si l'on se donne la peine d'examiner les peuples dont les femmes vont encore nues ou presque nues, on se convaincra de la vérité de cette assertion.

que la nature fait naître avant que, par l'effet d'une comparaison fâcheuse, leur aspect ne suffise pour les détruire. Il n'en est pas ainsi de l'homme qui a quelque expérience. Les traits que la nature produit rarement, quelque forme qu'ils puissent avoir, ne lui rappellent aucun souvenir, ne lui donnent aucune espérance et conséquemment ne sont pas beaux à ses yeux. Si même ils sont trop étrangers, ou s'ils ressemblent trop à ceux de la vieillesse ou de l'enfance, temps où le plaisir a cessé d'exister ou n'existe point encore ; s'ils l'éloignent trop enfin, par quelque cause que ce puisse être, de l'idée de la jouissance qu'il ne cesse jamais de porter dans cet examen, alors, loin de l'attacher, ils le rebutent ; c'est l'assemblage de ces traits qu'il a nommé laideur. Ceux, au contraire, qu'il est accoutumé de voir, lui rappelant plus facilement ses idées de plaisirs, lui plaisent et l'attachent : c'est l'assemblage de ces traits qu'il a nommé beauté. En effet, qu'on examine les règles que se prescrivent les artistes dans les proportions des traits, et l'on trouvera que ce sont celles qui, pour chacun d'eux, pris séparément, se rencontrent le plus souvent dans la nature ; leur réunion seule est rare, et, par cela même qu'elle est rare, elle manque son effet ; quand elle se trouve, elle est rare à tel point que nous sommes obligés d'en chercher les exemples dans les ouvrages de nos artistes ; mais ils suffisent à notre objet ; on peut observer en les considérant, que lorsque les figures qu'ils ont produites sont rigoureusement régulières, nous disons bien qu'elles sont belles, et en cela nous nous soumettons à la convention reçue ; mais jamais elles ne nous plaisent ; jamais elles ne sont la figure que nous désirerions ; nous leur trouvons par exemple le caractère de Junon, parce que la reine des dieux présente à notre imagination une idée vague de perfection ; jamais celui de Vénus, parce que la mère des amours fait naître en nous l'idée d'un plaisir que nous connaissons et que cette figure que nous disons belle ne nous rappelle pourtant pas. Ici s'éclaircit facilement cette phrase citée plus haut : *telle femme est belle mais elle ne me plaît pas.* On entend alors ou que la figure de cette femme est suivant les conventions reçues, ou que l'on croit que sa figure rappellera à plusieurs l'idée des plaisirs qu'ils ont goûtés, bien qu'elle ne produise pas cet effet sur nous. Si l'on veut se convaincre à la fois que la beauté n'agit en effet qu'en rappelant l'idée du plaisir et que l'agrément de la figure ne consiste que dans l'assemblage des traits que nous avons le plus l'habitude de voir, il suffit de changer de lieux ; transportez, par exemple, un Français en Guinée ; il sera d'abord rebuté de la figure des négresses, parce que leurs traits étrangers pour lui ne lui rappelleront aucun souvenir voluptueux ; dès que, par habitude, il cesse d'être choqué, il retrouve d'abord et préfère la fraîcheur, la taille et la force, qui partout constituent la beauté et, s'il fait alors quelque attention à la figure, c'est pour choisir celle qui est la moins éloignée des figures européennes ; bientôt après l'habitude augmente ; il préfère l'assemblage des traits qu'il voit tous les jours à celui dont il n'a plus qu'un léger souvenir ; il veut un nez épaté et de grosses lèvres, etc. : de là naît cette foule d'opinions sur la beauté ; de là, ces contradictions apparentes dans les goûts des hommes. Nous avons trouvé les raisons de cette diversité en ne considérant l'homme et la femme que dans leurs rapports physiques ; si nous les considérons maintenant dans leurs rapports moraux, nous y trouverons encore de nouvelles raisons de cette prodigieuse variété. Nous venons de voir la beauté changer de forme, par la seule impression des objets qui nous environnent ; nous allons la voir maintenant se prêter encore à l'inconstance de nos idées. Dès que la société, qui altère sans cesse l'ouvrage de la nature, eut changé en liaison durable l'union passagère des deux sexes, les sensations voluptueuses cessèrent d'être le seul lien qui les réunit. On mit un prix aux qualités morales et, de ce moment, les signes extérieurs qui les annonçaient firent partie de la beauté aux yeux de ceux qui les recherchaient. A mesure que les peuples prirent de la consistance, les mœurs devenues constantes formèrent, pour chacun, un caractère national auquel l'idée de la beauté fut bientôt soumise. Quelques-uns, tels que les Asiatiques, ayant rendu les femmes absolument dépendantes, et n'éprouvant auprès d'elles que des sensations et non des sentiments, se sont moins écartés de l'idée de la beauté naturelle ; il y ont joint seulement l'air de douceur et de tendresse, comme flattant davantage l'esprit de domination qui les anime. Là le caractère de beauté que nous appelons physionomie doit être et est en effet l'expression de la soumission. Chez les anciens Romains au contraire, l'enthousiasme de la liberté, de la grandeur d'âme, de la vertu sévère présente la beauté sous une forme plus noble et plus austère. Ce pays, dont les artistes nous ont transmis des monuments de tous les siècles, nous fournit une preuve des variations perpétuelles auxquelles fut soumise l'idée de la beauté ; la dépravation des mœurs y est restée peinte sur les visages ; pour s'en convaincre, il ne faut qu'examiner la différence du caractère de beauté chez les femmes du temps de Brutus ou chez celles du temps d'Auguste ; c'est ainsi que nous voyons de nos jours les Suisses, les Anglais, plus austères dans leurs mœurs, joindre toujours à l'idée de la beauté celle de la douceur et de la modestie, tandis qu'en France nous recherchons plus volontiers l'expression de la vivacité et du plaisir. Telles sont les nuances générales qui, sous le nom de physionomie, font varier la beauté suivant les temps et les lieux ; elles sont telles, et tellement marquées, qu'un observateur attentif pourrait juger, par elles, des mœurs d'une nation, avec plus d'exactitude peut-être que dans la plupart des historiens. Non seulement l'idée de la beauté varie de peuple à peuple, mais elle change encore d'homme à homme ; l'un, plus sensible au nombre qu'au choix de ses conquêtes, est séduit par l'expression de la facilité ; l'autre, au contraire, est excité à la vue des difficultés que semble lui opposer une beauté sévère ; celui-ci est attaché par le charme d'une douce langueur ; celui-là est entraîné par l'ivresse d'un plaisir vivement exprimé ; souvent même, aux yeux de plusieurs, l'esprit, les grâces, les talents ont suppléé par une heureuse illusion à la privation de la beauté, ou plutôt ils sont devenus la beauté, puisqu'ils ont su, comme elle, faire naître l'espoir du plaisir. La beauté de tous les temps, de tous les lieux, de toutes les personnes, est donc toujours, comme nous l'avons dit plus haut, l'apparence la plus favorable à la jouissance, et de cela même, il suit qu'elle doit varier, au gré de la diversité des opinions, sur ce qui donne le plus ou moins de prix à cette jouissance. Il résulte de ces réflexions que l'homme naturel jouit de la beauté sans la connaître, qu'il n'a nulle idée de la beauté de choix, et que pour lui *le crâne de Philippe est semblable à celui des autres Macédoniens;* que, dans les pays où les hommes rassemblent plusieurs femmes pour le plaisir d'un seul, et les tiennent dans une entière dépendance, la facilité de comparer et de juger de sens froid doit décider leur choix en faveur de la beauté naturelle telle que nous l'avons définie, et que, dans nos mœurs, la beauté, jouet éternel de nos opinions, varie à tel point que la femme que nous appelons laide peut enlever, facilement et unanimement, à celle que nous disons belle, l'hommage et les désirs des hommes qui les entourent[1]. Mais si cette illusion est possible, elle

1. Il n'est pas rare de voir au théâtre les rôles de femmes les plus intéressants remplis par des actrices laides, tandis que leurs confidentes sont à la fois jeunes et jolies. Quel spectateur alors ne s'est pas surpris souvent désirant la laideur de l'une de préférence à la beauté de l'autre ? Voilà le point de l'illusion trouvé ; il ne s'agit plus que d'en prolonger le charme ; quelques actrices célèbres ont prouvé qu'il ne cessait pas toujours avec la magie du spectacle qui l'avait fait naître.

n'est pas facile; la nature, qui ne perd jamais entièrement ses droits, déchire quelquefois le voile dont l'art cherchait à la couvrir. Souvent le flambeau de la vérité éclipse en un moment les fausses lueurs d'une longue suite de prestiges ; aussi les femmes commencent-elles toujours par chercher à se donner *l'apparence la plus favorable à la jouissance* proprement dite ; c'est pour y parvenir qu'elles inventèrent la parure.

CHAPITRE XII
De la parure

Nous connaissons deux sortes de parures ; l'une, qui consiste à tenir le corps dans l'état de perfection dont il est susceptible ; l'autre, à tirer le parti le plus avantageux des vêtements ou ornements dont le besoin, le caprice ou la raison ont consacré l'usage. Quoique la parure soit soumise encore à plus de variations que la beauté, dont elle est en quelque sorte le complément, elle a cependant quelques règles générales qui peuvent convenir à tous les peuples et s'adapter à tous les habillements. La parure est non seulement l'art de tirer parti des dons de la nature, mais encore celui de leur prêter les charmes de l'imagination. Considérée sous ce point de vue, elle devient un stimulant de la volupté, et nous ne la croyons pas indigne de fixer l'attention même des philosophes, puisqu'elle sert au bonheur de l'homme, en concourant à ses plaisirs. Il y avait un champ aride et pierreux, que traversait une rivière, dont, à peine, on voyait l'eau verte et stagnante sous les joncs dont elle était couverte. On a fait arracher les joncs ; on a donné du cours aux eaux ; on a paré cette rivière en la tenant dans l'état de perfection dont elle était susceptible ; on a fait depuis planter des bois sur ses bords et ce champ, où personne n'allait, est devenu un bosquet charmant dont on chérit l'ombrage, on l'a paré à l'aide d'ornements étrangers mais on a disposé ce bois de façon que, quoiqu'il soit peu étendu, on croit être dans une forêt immense ; on a paré ce bois en lui prêtant les charmes de l'imagination : ce qu'on a fait dans ce champ, toute ou presque toute femme peut l'exécuter sur elle. Si le besoin inventa les premiers vêtements, la parure en augmenta considérablement l'usage. Si l'on en excepte une ceinture, utile à tous les peuples pour garantir les parties du corps qui, étant le siège du toucher, sont naturellement délicates et sensibles, et quelques peaux de bêtes, utiles à plusieurs pour les garantir des injures de l'air, le reste est dû à la parure. On suit plus la qualité des idées que la quantité des besoins. Si l'on niait ce fait, qu'on nous dise pourquoi les peuples policés de l'Indoustan se vêtissent sous un ciel brûlant, tandis que le sauvage groenlandais, vivant au milieu des glaces, quitte ses habits en rentrant dans sa cabane pour ne les reprendre que lorsque le froid excessif du dehors l'y contraint. Celui-ci est mû par la crainte de la douleur l'autre suit l'attrait du plaisir ; le Maure fortuné, placé dans un climat où la nature s'empresse de prévenir ses besoins, se livre à la volupté ; il veut conserver à tout son corps une sensibilité qui n'est exercée que par le plaisir : il reste vêtu ; le malheureux Groenlandais, vivant sous un ciel rigoureux, uniquement occupé de chercher au milieu des glaces de la mer une subsistance qu'elle ne lui accorde pas toujours, et que la terre lui refuse constamment, n'a d'idées que par ses besoins ; il cherche à émousser une sensibilité, qui presque toujours, lui est douloureuse ; il reste nu, dès qu'il peut se passer de vêtement. Les premiers effets, relatifs à la parure, que produisirent les vêtements, furent de conserver à nos corps plus de sensibilité et de les rendre d'un toucher plus doux ; bientôt l'adresse en sut encore tirer parti, soit pour voiler une difformité, soit pour faire présenter des formes plus agréables, soit enfin pour fixer l'attention sur ce qu'on voulait offrir aux regards ; mais ces ornements étrangers nous quittent dans le moment où souvent leur illusion nous deviendrait le plus nécessaire ; alors, au contraire, les dons de la nature brillent de tout leur éclat ; ils nous appartiennent davantage, ils sont plus précieux, ils méritent notre première attention. Femmes coquettes et riches, vous croyez vous parer en vous surchargeant d'ornements précieux ; vous vous applaudissez de l'admiration béate de la multitude séduite facilement par l'éclat de la richesse ; en effet, vous fixez l'attention un moment ; mais vous rappelez bientôt ce mot d'Apelle à son élève : *ne pouvant la faire belle tu la fais riche.* Voulez-vous être réellement parées ? En voici les moyens : sachez d'abord vous astreindre à un régime doux et salutaire ; c'est celui qui tient la santé ; sans elle point de fraîcheur, et sans la fraîcheur point de beauté ; fuyez surtout les veilles inutiles ; le repos sied mieux encore que l'éclat trompeur des bougies ; ne vous fatiguez par aucun excès ; vous serez belles même au jour ; les nuits que vous déroberez à vos amusements rendront plus précieuses celles que vous consacrerez à vos plaisirs. Craignez également l'usage des boissons spiritueuses ; une peau unie ne couvre point un sang enflammé ; laissez aux femmes qui manquent de ressources, ce faible moyen d'exciter, par leur exemple, à ce genre de débauche, dans l'espoir de profiter des désirs qui les suivent et qu'elles n'auraient pu faire naître. Vous êtes jeunes et belles : qu'avez-vous besoin de liqueurs fortes ? c'est d'amour qu'il faut vous enivrer. Evitez les rayons d'un soleil brûlant qui obscurcirait l'éclat de votre teint ; ne laissez pas non plus gercer votre peau délicate par l'impression d'un froid excessif, mais gardez-vous plus encore d'une vie trop sédentaire ; les chairs mollissent et perdent leur ressort dans l'air stagnant et étouffé de vos appartements ; le frottement de l'air extérieur les rend au contraire fermes et vivaces. Profitez en hiver, du moment où la douce influence du soleil aura tempéré la rigueur du froid. Soyez en été diligentes comme l'aurore ; semblables au lin que l'on prépare, c'est à la rosée qu'il faut vous blanchir. Non contentes de régler vos actions, maîtrisez encore les affections de votre âme ; il en est qui détruisent la beauté ; si vous ne réprimez des accès de colère trop fréquents, vos muscles acquerront une mobilité dangereuse, et, bientôt, toute expression deviendra une grimace. Le rire convulsif de la bruyante gaieté produit, à moindre degré, des inconvénients de même nature. Ne vous laissez jamais dominer par l'humeur ; cet état de déplaisance intérieure se manifeste au-dehors, et personne ne se soucie de plaire à celle qui ne craint pas de déplaire aux autres. Si l'envie ou l'ambition vous dévorent, bientôt vos yeux caves, votre teint plombé, votre excessive maigreur auront terni votre beauté ; si vous vous livrez à la fureur du jeu, la contraction fréquente de vos muscles use bientôt leur ressort ; la fatigue du jeu est, sans exception, celle qui use le plus et le plus vite ; redoutez pourtant aussi celle du plaisir, dans l'état d'épuisement qui le suit ; vos yeux battus, vos lèvres flétries, vos joues décolorées ne sauraient faire naître des désirs qu'on s'aperçoit assez que vous ne pouvez plus partager. Tel est un genre de parure trop peu connu peut-être, mais surtout trop rarement pratiqué. Après ces premiers soins, que rien ne peut suppléer, il en est de plus faciles que la volupté réclame ; encore il n'est point de parure sans une propreté rigoureuse ; et, avant de chercher à vous orner par des vêtements, dépouillez-vous et entrez dans le bain ; ne craignez pas d'en faire un usage journalier ; pour obvier aux inconvénients qui pourraient le suivre, accoutumez-vous a les soutenir froids ; alors ils augmenteront votre élasticité, loin de la détruire ; si leur fraîcheur porte à la peau une légère atteinte, réparez cet effet par un cosmétique doux[1] ; effacez ensuite, par un parfum léger, l'odeur fade ou aromatique qu'ils laissent après eux ; usez mais n'abusez pas, on soupçonne volontiers la femme qui se parfume trop d'y être portée par quelque raison secrète ; sans cela, même une odeur trop forte, telle agréable qu'elle fût, détruirait l'ivresse en détournant l'attention ; car ce n'est pas de la rose ou de l'œillet, c'est de vous que vous voulez que votre amant s'occupe ; qu'il puisse donc croire que vous-même exhalez le parfum qu'il respire ; dans ces soins solitaires, n'imitez pas surtout ces femmes plus vaines que sensibles, qui, satisfaites d'un triomphe passager, ne songent qu'au public, et oublient leur amant ; femmes injustes, vous vous plaignez d'être bientôt abandonnées par eux, vous les accusez de légèreté ; prenez-vous-en à vous-mêmes de cette apparente perfidie ; votre

1. Il en est un simple et salubre dont l'usage nous paraît trop peu fréquent, et que nous évoquons volontiers ici : prenez de la graine de pavot blanc, pilez la dans un mortier, en y jetant de l'eau en sorte que l'espèce de lait qui en provient soit plus épais que clair ; passez le tout, et servez-vous en au moins toute la semaine.

figure rieuse et fraîche leur avait fait illusion, votre corps flétri les a détrompés. La figure attire, mais c'est le corps qui retient. L'âme est le filet et l'autre la cage ; mais l'oiseleur prudent avant de tendre ses pièges, s'occupe des moyens de conserver la proie qu'il pourra faire ; imitez-le dans ses précautions, puis vous songerez à embellir votre figure. Ce soin demande encore quelques réflexions ; l'art doit aider et non changer la nature. Avant de vouloir vous comparer, examinez-vous et tâchez de vous connaître ; pour que l'expression de votre physionomie soit agréable, sachez choisir celle qui lui convient ; si vos traits sont fins et délicats, si votre taille est petite, n'affectez point un air de dignité qui deviendrait ridicule ; si vos traits sont grandement dessinés, si votre taille est avantageuse, laissez à d'autres les grâces enfantines ; trop d'embonpoint vous dépare et peut-être l'eût-on oublié pour s'occuper de votre fraîcheur, mais ce défaut devient choquant si vous voulez paraître légères ; si vos yeux sont vifs et pleins de feu, inutilement chercherez-vous à les rendre tendres ; vous ne ferez qu'obscurcir leur éclat ; si au contraire ils sont doux et caressants, vous détruiriez par une vivacité empruntée le charme qu'ils auraient fait naître. Chacun d'eux a les moyens qui leur conviennent et qui ne conviennent qu'à eux ; arrivez à votre but par le chemin que la nature vous a tracé ; c'est à la fois le plus sûr et le plus court ; que votre regard vif agisse par intervalles ; que ses coups soient redoublés, mais distants ; que, semblable à l'éclair, il éblouisse à la fois par la flamme dont il brille et par les ténèbres qui l'environnent. Mais l'action d'un regard tendre doit être continue ; il doit nous fixer pour nous plaire, et dans nos cœurs pénétrer pas à pas, comme un jour doux dans des yeux délicats. Ne croyez pas surtout obtenir cette expression des seuls conseils de votre miroir, elle tient à vos qualités intérieures. Voulez-vous donner plus de tendresse à vos regards ? Exercez la sensibilité de votre âme. Voulez-vous accroître leur vivacité ? Cultivez votre esprit, augmentez le nombre de vos idées ; en vain la nature vous aura accordé de beaux yeux, si votre âme est froide ; si votre esprit est vide, votre regard sera nul et muet. Nous ne parlons ici que de cette expression des regards qui ne tient ni à un sentiment profond, ni à une sensation vive. On sait assez que les grands mouvements de l'âme ou des sens se peignent dans les yeux en surmontant même les obstacles qu'on leur oppose. Tel est le droit de la nature ; l'art a cherché à l'imiter, et y est parvenu : l'usage en est fréquent au théâtre, l'abus s'en est glissé dans la société et les regards sont devenus menteurs et perfides. Il s'en fait sentir jusque dans la parure ; si l'on en croit les rapports des voyageurs, les bayadères de l'Indoustan savent, à l'aide d'une poudre, donner à leur regard l'expression du plaisir, en entretenant dans leurs yeux ces larmes brûlantes que la volupté fait répandre ; et sans recourir à leur récit, nous voyons autour de nous les femmes européennes faire briller leurs yeux de l'ardeur du désir, par le reflet du rouge placé sur leurs joues.

TABLE

❋

AVEC LES FILMS FOURNIS
CET OUVRAGE A ÉTÉ

ACHEVÉ D'IMPRIMER EN OCTOBRE 1991
SUR LES PRESSES DE L'IMPRIMERIE
LIENHART & Cie A AUBENAS D'ARDÈCHE

DÉPÔT LÉGAL : Octobre 1991

N° 5216. Imprimé en France